Policy Payoffs in Koalitionsverhandlungen

BEITRÄGE ZUR POLITIKWISSENSCHAFT

Herausgegeben von Andreas Busch / André Kaiser / Sabine Kropp /
Christine Landfried / Roland Sturm / Uwe Wagschal

Mitbegründet von Winfried Steffani

Wissenschaftlicher Beirat:
Klaus von Beyme, Carl Böhret, Helmut Klage und Klaus Lompe

BAND 97

Zu Qualitätssicherung und Peer Review der vorliegenden Publikation

Die Qualität der in dieser Reihe erscheinenden Arbeiten wird vor der Publikation durch einen Herausgeber der Reihe geprüft.

Notes on the quality assurance and peer review of this publication

Prior to publication, the quality of the work published in this series is reviewed by the editor of the series.

Madeline Kaupert

Policy Payoffs in Koalitionsverhandlungen

Eine Analyse ideologischer Distanzen zwischen Wahlprogrammen und Koalitionsverträgen

Bibliografische Information der Deutschen Nationalbibliothek
Die Deutsche Nationalbibliothek verzeichnet diese Publikation
in der Deutschen Nationalbibliografie; detaillierte bibliografische
Daten sind im Internet über http://dnb.d-nb.de abrufbar.

ISSN 0170-8384
ISBN 978-3-631-67244-0 (Print)
E-ISBN 978-3-653-06808-5 (E-Book)
DOI 10.3726/978-3-653-06808-5

© Peter Lang GmbH
Internationaler Verlag der Wissenschaften
Frankfurt am Main 2016
Alle Rechte vorbehalten.
Peter Lang Edition ist ein Imprint der Peter Lang GmbH.

Peter Lang – Frankfurt am Main · Bern · Bruxelles ·
New York · Oxford · Warszawa · Wien

Das Werk einschließlich aller seiner Teile ist urheberrechtlich
geschützt. Jede Verwertung außerhalb der engen Grenzen des
Urheberrechtsgesetzes ist ohne Zustimmung des Verlages
unzulässig und strafbar. Das gilt insbesondere für
Vervielfältigungen, Übersetzungen, Mikroverfilmungen und die
Einspeicherung und Verarbeitung in elektronischen Systemen.

Diese Publikation wurde begutachtet.

www.peterlang.com

Inhaltsverzeichnis

Einleitung 7

1. Koalitionsverträge: Dividing the cake 13
   1.1 Tausch unter dezentraler Autorität 13
   1.2 Kompromisse unter zentraler Autorität 18

2. Parteienwettbewerb: Position und Salienz 23

3. Forschungsstand 29
   3.1 Portfolio Allokation 29
   3.2 Policy Payoffs der Dimensionen Wirtschaft
       und Gesellschaft 33

4. Methodisches Vorgehen 39
   4.1 Fallauswahl 39
   4.2 Dimensionen und Politikfelder 42
   4.3 Datenerhebung mit Wordscores 48
   4.4 Pretest 55

5. Datenzugang und -aufbereitung 61

6. Policy Allokation in Deutschland 65
   6.1 Parteipositionen 65
   6.2 Keine quantitative Allokation von Policy 70
   6.3 Tausch oder Kompromiss? 72

6.4 Tauschlogik bei ideologischer Unähnlichkeit? 78
6.5 Verteilung analog zur Verteilung der Ministerien? 79
6.6 Erklärungskraft von Salienz 84

7. Policy Allokation in Österreich 89

8. Fazit 95

Literaturverzeichnis 99

Anhang 107

Einleitung

„Nach allem, was bisher bekannt ist, müssen vor allem die Grünen Kröten schlucken." So beschreibt das ZDF den Ausgang von sieben Wochen Koalitionsverhandlungen nach der Bürgerschaftswahl in Hamburg im Februar 2015 (ZDF, 07.04.2015). Die SPD habe sich bei einigen wichtigen Themen gegenüber ihrem kleinen Koalitionspartner durchgesetzt, wie die Journalisten aus dem Vergleich von Wahlkampfforderungen und dem nun fertigen Koalitionsvertrag lesen.

Keine Umweltzone, keine City-Maut, aber die Elbvertiefung wurde beschlossen. Hier erkennen die Journalisten eindeutig die Handschrift der Hamburger SPD. Tatsächlich wird in der Presse nach abgeschlossenen Koalitionsverhandlungen regelmäßig die Frage nach dem Gewinner derselben diskutiert. Wer hat sein Programm besser im Koalitionsvertrag untergebracht? Welche Partei hat sich bei welchen Themen durchgesetzt?

Der Koalitionsvertrag steht sowohl zeitlich als auch relational zwischen Wahlprogramm und Regierungshandeln. In der repräsentativen Demokratie ist er damit Teil der Delegationskette vom Volk zur Regierung. Ein öffentlicher Koalitionsvertrag ist das einzig sichtbare Moment in dem ansonsten geheimen und unsichtbaren Prozess der Koalitionsverhandlungen (W. Downs 1998: 6).

Obwohl er noch keinem echten Regierungshandeln gleichkommt (welches ohnehin nur schwer gemessen werden kann), gibt er schon deutlich handfestere Hinweise darauf, welche politischen Inhalte während der kommenden Legislaturperiode umgesetzt werden sollen. Vor allem integriert er zwei Wahlprogramme zu einem Regierungsprogramm. In dieser Funktion wird der Koalitionsvertrag in der Öffentlichkeit zu einer ersten Messlatte bei der Einhaltung von Wahlversprechen.

Dementsprechend wird angenommen, dass eine Partei, die ihre Forderungen im Koalitionsvertrag unterbringen konnte, später mit höherer Wahrscheinlichkeit in der Lage sein wird, diese in die Tat umzusetzen. Außerdem kann mit der Evaluation des Koalitionsvertrages kontrolliert werden, ob nicht zu viele Inhalte zugunsten einer Einigung mit dem Partner und der Aussicht auf Regierungsbeteiligung geopfert wurden. Die Auswertung des

Koalitionsvertrages wird so zu einer wichtigen Kontrolle im demokratischen Prozess.

Das wird gerade in Zeiten, in denen bei den Parteien mangelnde Profilschärfe diagnostiziert wird, immer wichtiger. Das Fehlen von Unterschieden zwischen den Parteien in wichtigen Politikbereichen wird als eine der Hauptursachen für niedrige und weiter abnehmende Wahlbeteiligung benannt (Merkel 2015: 17). Zwar werden Parteivertreter nicht müde, ihre eigene Handschrift im Koalitionsvertrag und in der Regierungstätigkeit zu unterstreichen – aber gerade in Zeiten der „Großen Koalition", in denen die Volksparteien zusammenarbeiten und gemeinsam den politischen Raum „in der Mitte" ausfüllen, scheinen diese Zusicherungen nicht auszureichen. Vor diesem Hintergrund stellt sich aktueller denn je die Frage, ob und wie es Parteien gelingen kann, trotz Koalitionsbildung ihr eigenes Profil zu bewahren.

Umso erstaunlicher ist es, dass zwar die Auswertung von Wahlprogrammen zu einer beliebten politikwissenschaftlichen Beschäftigung zählt, Koalitionsverträge bisher aber nicht annähernd so viel Aufmerksamkeit erfahren haben. Fragen nach dem Gewinner der Verhandlungen – oder technischer formuliert nach der Policy Payoff Distribution –, wie sie oft von Journalisten diskutiert werden, sind in der politikwissenschaftlichen Forschung bisher nur selten adressiert worden. Das mag unter anderem daran liegen, dass der Fokus der Koalitionsforschung lange ausschließlich auf der Verteilung von politischen Ämtern (office) lag.

Aufbauend auf Downs *Ökonomischer Theorie der Politik* ging die Koalitionstheorie davon aus, dass Parteien nur nach der Besetzung von Ämtern streben. Die *office-seeking parties* waren durch diese Perspektive lange indifferent gegenüber der Umsetzung ihrer politischen Ziele.

Inzwischen gehen aber viele Koalitionstheorien davon aus, dass politische Parteien nicht nur nach der Besetzung von Ämtern, sondern auch nach der Umsetzung ihrer politischen Präferenzen streben. Damit hat sich zwar die Perspektive grundlegend geändert, die ursprünglichen Forschungsfragen sind aber weitgehend erhalten geblieben. Diese betreffen die Bildung von Koalitionen (z.B. Laver und Shepsle 1996; Sened 1996), die Aufteilung der Ministerien zwischen den Parteien (z.B. Browne und Feste 1975) und schließlich die Überlebensdauer bzw. Beendigung von Koalitionen (z.B. Laver 2003). Auch Modelle mit einer *policy-seeking* Perspektive testen also zum Beispiel, ob ideologische Ähnlichkeit bei der Regierungsbildung ein bestimmender Faktor ist (Austen-Smith and Banks 1990; Laver and Shepsle 1990).

Alle bisherigen Modelle lassen aber eine Frage weitgehend offen: *Wie verteilen Parteien Policy Payoff in Koalitionsverhandlungen?* Die Frage „Who gets what in coalition agreements?" soll deshalb in direktem Anschluss an die bereits beantwortete „Who gets what in coalition governments?" (Bäck, Debus und Dumont 2011) gestellt werden. Die vorliegende Arbeit versteht sich dabei vor allem als explorative Investigation. Denn obwohl Sened schon 1996 die Integration von Office und Policy Payoff Modellen einforderte (hier war die Perspektive noch eine der Regierungsbildung) und diese Forderung jüngst von Schermann und Ennser-Jedenastik (2014) wiederholt wurde (hier geht es schon um die Verteilung von Portfolios und Policies), ist insgesamt wenig darüber bekannt, wie Policy Payoffs überhaupt verteilt werden. Bevor ein Modell entwickelt werden kann, das Portfolio und Policy Allokation vereint, sollten die Grundzüge der Verteilung von Policy Payoffs erkundet werden.

Zu diesem Zweck werden Wahlprogramme und Koalitionsverträge deutscher und österreichischer Landesparteien im Zeitraum von 2002 bis einschließlich 2014 ausgewertet. Mit der Untersuchung dieser symmetrisch föderalen Einheiten kann das Universum der Fälle, das in anderen Studien meist nationale Koalitionen (west-)europäischer Staaten umfasst, entscheidend erweitert werden. Mithilfe des quantitativen Textanalyseverfahrens *Wordscores* werden die Positionen der Wahlprogramme und Koalitionsverträge in einem mehrdimensionalen räumlichen Modell ermittelt.

Das Ziel ist es also, den Abstand der Dokumente (und nicht etwa deren genaue Inhalte) zu kennen. Dabei unterscheidet sich das hier verwendete Modell vom klassischen räumlichen Modell, indem auch zwei Politikfelder in den Blick genommen werden, die nur selten in dieser Form ausgewertet werden. Dies sind neben den klassischen Dimensionen der Wirtschafts- und Gesellschaftspolitik die wichtigsten Politikfelder, nämlich Umweltpolitik und Immigration (Benoit und Laver 2006). Daten der klassischen Dimensionen liegen zu den deutschen Länderparteien bereits vor (Debus 2008a) und werden ebenfalls Teil der Analyse sein.

Die Arbeit ist wie folgt aufgebaut: Die ersten beiden Kapitel befassen sich mit dem weiten Feld der Koalitionstheorien. Aus der Auseinandersetzung mit ihnen werden erste Hypothesen über die Verteilung von Policies deduziert. Zuerst wird die Frage gestellt, welchen Stellenwert Koalitionsverträge im politischen Prozess einnehmen und ob sie hinreichend aussagekräftige Inhalte über das zukünftige Regierungshandeln enthalten. Kurz gesagt: Eignen sie sich überhaupt als Analysedokumente?

Bereits hier lassen sich zwei konfligierende Hypothesen über die grundsätzliche Verteilung von Policies identifizieren. Die Kernfrage lautet, ob Parteien in Koalitionsverträgen Policies so tauschen, dass eine Partei ihre Vorstellungen beim Thema X und die andere Partei ihre Vorstellungen beim Thema Y umsetzen kann (1.1) oder ob Kompromisse zwischen ihren Positionen im Sinne einer pareto-optimalen Lösung beschlossen werden (1.2).

Kapitel 2. kontrastiert die beiden gängigen Theorien zum Parteienwettbewerb, die spieltheoretische Modellierung von Parteipositionen im Raum mit der Salienztheorie. Aus beiden lassen sich wichtige Hinweise für die vorliegende Untersuchung ableiten. Entsprechend der spieltheoretischen Variante wird die Hypothese aufgestellt, dass der ideologische Abstand der Parteien zueinander die Verteilung der Policies im Koalitionsvertrag beeinflusst. Entsprechend der Salienztheorie wird erwartet, dass die Distribution von Policies gemäß der Bedeutung verläuft, die Parteien einem Politikfeld zuschreiben. Das heißt, diejenige Partei, die ein Thema für sich als Kernkompetenz reklamiert, wird ihre Policies auf diesem Gebiet leichter durchsetzen können.

Im dritten Kapitel wird der Forschungsstand aufgearbeitet, der, wie bereits erwähnt, zwar umfassende Erkenntnisse über die Allokation von Portfolios, aber nur weniges über Policy Payoffs bereit hält (3.1). Der zweite Abschnitt von Kapitel 3. beschäftigt sich eingehend mit den von Debus (2008a) erhobenen Daten zu den Dimensionen Wirtschaft und Gesellschaftspolitik, die als Grundlage und Ausgangspunkt für diese Arbeit gesehen werden können.

Schließlich wird im vierten Kapitel das methodische Vorgehen reflektiert. Zunächst wird die Fallauswahl, der Vergleich von deutschen und österreichischen Koalitionsregierungen auf Landesebene entlang der Politikfelder Umwelt und Immigration, begründet (4.1 und 4.2). Dann werden das Wordscores Verfahren und dessen methodische Probleme vorgestellt (4.3). Die Problematisierung der Erhebungsmethode gipfelt in einem Pretest, der die Validität der Methode überprüfen und ihre Sensibilität für Modifikationen der Texte verdeutlichen soll (4.4).

Das fünfte Kapitel beschreibt Datenzugang und -aufbereitung. Das sechste Kapitel widmet sich der Analyse deutscher Wahlen, zuerst der deskriptiven Darstellung der erhobenen Daten (6.1) und dann der Überprüfung der aufgestellten Hypothesen (6.2 bis 6.6). Im siebten Kapitel werden die Daten für die österreichischen Wahlen vorgestellt, die sich allerdings aufgrund mangelhafter Validität nicht für eine Analyse eignen. Somit werden in diesem letzten Kapitel noch einmal die Grenzen des Verfahrens deutlich gemacht. Die Arbeit schließt mit einem Fazit.

1. Koalitionsverträge: Dividing the cake

1.1 Tausch unter dezentraler Autorität

In Staaten mit Mehrheitswahlrecht und einem Zweiparteiensystem ist mit dem Schließen der Wahllokale ein wichtiger Teil des demokratischen Prozesses abgeschlossen. In aller Regel steht die Regierungspartei fest, die Richtung ihrer Politik wurde meist schon im Wahlprogramm angekündigt. Ein anderes Bild zeigt sich hingegen in Staaten, in denen Koalitionsregierungen zum festen politischen Inventar gehören. Hier beginnt am Wahlabend erst der Prozess, der über die Zusammensetzung und die inhaltliche Ausrichtung der Regierung entscheidet. Und hier beginnt auch das Interesse der Koalitionsforschung, die zum Beispiel nach der parteipolitischen Zusammensetzung einer Koalition oder ihrer Überlebensdauer fragt (z.B. Laver und Shepsle 1996; Laver 2003).

Im Gegensatz zu diesen institutionellen *Outcomes* der Koalitionsverhandlungen werden die Verhandlungen selbst und ihr unmittelbarer *Output* nur selten adressiert. Das mag einerseits daran liegen, dass die Verhandlungen als „Black Box" wahrgenommen werden (Falco-Gimeno und Vallbé 2013: 8), in die man nicht hineinsehen und die man folglich auch nicht beschreiben kann.

Andererseits hat sich in vielen Staaten die Praxis etabliert, nach erfolgreich abgeschlossenen Verhandlungen einen Koalitionsvertrag als Fahrplan der Regierungstätigkeit zu veröffentlichen. Dabei handelt es sich um einen steigenden Trend. Während im Europa der 1940er nur 33 Prozent der Koalitionsregierungen einen Vertrag schlossen, waren es in den 1990ern schon 81 Prozent (Müller und Strøm 2011).

Trotz dieses Trends stellt sich die Frage, welche Relevanz Koalitionsverträgen im politischen Prozess zukommt und welche Funktionen sie erfüllen. Fest steht, dass der „Kuchen" – die Regierungsverantwortung, Ämter und politische Inhalte – irgendwie zwischen den Koalitionsparteien aufgeteilt werden müssen. Doch es erscheint keineswegs selbstverständlich, dass diese Verteilung (ausschließlich) durch Koalitionsverträge erfolgt. Eine Aushandlung erst während der Regierungstätigkeit kommt ebenso infrage.

Nur wenn es sich bei Koalitionsverträgen um aussagekräftige Dokumente und nicht nur um eine „Werbestrategie" (Eichhorst 2014) handelt, ist ihre Analyse eine sinnvolle Beschäftigung. Wenn es aber der Fall ist, dass in Koalitionsverträgen Payoffs verteilt werden, könnte das Dokument forschungsperspektivisch als ein Türöffner zu einem ansonsten kaum beobachtbaren Prozess verstanden werden.

Um die Funktionen von Koalitionsverträgen zu beurteilen, können zwei verschiedene theoretische Perspektiven aufgemacht werden. Müller und Strøm (2011: 180) unterscheiden zwischen der Betonung zentraler Autorität, bei der die Kontrolle und Entscheidungsmacht in der Hand eines Teams von Koalitionsspitzen liegt (Tsebelis 2002) und der Betonung dezentraler Autorität, bei der die Kontrolle vollständig bei derjenigen Partei liegt, die ein Portfolio besetzt (Laver und Shepsle 1996).

In beiden Ansätzen trachten die Parteien danach, ihre politischen Inhalte umzusetzen. Eine Policy, wie sie im Wahlprogramm beschrieben wird, gilt als Idealpunkt der Gesamtpartei. Das heißt, eine Partei zielt auch in der gemeinsamen Regierungstätigkeit mit einem Koalitionspartner auf die Umsetzung genau dieses – oder eines so wenig wie möglich von ihrem Idealpunkt abweichenden – politischen Inhalts. Oder technischer ausgedrückt: Der Politiknutzen ergibt sich aus der negativen Distanz einer Politik zur eigenen Idealposition.

Das ist übrigens nicht nur eine theoretische Darstellung, sondern wird auch empirisch untermauert. In Interviews bestätigen Politiker, dass ihr Wahlprogramm als Grundlage für den Koalitionsvertrag dient. In einem idealen Szenario sollte das Wahlprogramm einer Partei ganz im Koalitionsvertrag aufgehen. (Dolezal et al. 2012: 889)

Die Ansätze von zentraler (Tsebelis 2002) und dezentraler (Laver und Shepsle 1996) Autorität basieren auf denselben Grundannahmen: Jeder Akteur trachtet nach der Implementierung seiner idealen politischen Präferenzen. Die Ansätze unterscheiden sich aber in den Rahmenbedingungen, die sie den Akteuren auferlegen.

Die Perspektive dezentraler Autorität, wie sie von Müller und Strøm (2011) identifiziert wird, findet sich im Portfolio Allokation (PA) Modell von Laver und Shepsle (1990; 1996). Dieses ist ein wesentlicher Baustein für die Koalitionstheorie. Hier soll aber nur auf jene theoretischen Aspekte des Modells Bezug genommen werden, die für die Beurteilung der Relevanz und Funktion von Koalitionsverträgen wichtig sind.

Die Perspektive dezentraler Autorität steht ganz im Geiste der Prinzipal-Agenten-Theorie, bei der ein Agent (der Minister) nur schwer von seinem Prinzipal (der Koalitionsregierung) kontrolliert werden kann. Tatsächlich besitzen Minister eine hohe Autonomie über ihr jeweiliges Ressort. Dabei kommt ihnen zugute, dass sie und ihr Haus einen Informationsvorsprung gegenüber anderen Akteuren besitzen und als Agenda-Setter fungieren können. (Martin und Vanberg 2004)

Bei Laver und Shepsle (1990; 1996) ist diese Perspektive konsequent in einer Forschung umgesetzt, die sich nur mit der Verteilung von Ministerien beschäftigt. Bei ihnen werden die Minister sogar zu „Policy-Dictators", die strikt ihre Parteipolitik umsetzten und von der Koalitionspartei kaum kontrolliert werden können (Saalfeld 2010: 130). In diesem Modell kann der Minister eine Policy nahe dem Idealpunkt seiner Partei implementieren, ohne auf ernsthaften Widerstand zu stoßen.

Eigentlich gilt der Koalitionsvertrag traditionell als Instrument zur Kontrolle dieser Autonomie (vgl. Moury 2011). Wenn Minister aber tatsächlich so unabhängig sind, wie von Laver und Shepsle postuliert, dann wird auch der Koalitionsvertrag als Kontrollinstrument daran kaum etwas ändern. Viel eher wäre es für die Parteien rational, das Konfliktpotenzial durch die ministerielle Autonomie zu minimieren, indem ihre „gemeinsame" Position im Koalitionsvertrag von vornherein näher an derjenigen Partei verankern, die das entsprechende Portfolio hält.

Der Koalitionsvertrag spiegelt folglich im Sinne von Laver und Shepsle nur jenen Tausch zwischen Kompetenzbereichen wieder, der bei der Verteilung der Portfolios ohnehin getroffen wird. Denn im Koalitionsvertrag werden nur Policies auftauchen, die in diesem Modell glaubwürdig sind. Dabei gilt: „a proposal is credible only if it is policed by the right portfolio allocation" (Laver und Shepsle 1990: 875).

Jede Verteilung von Policies, die nicht jener der Portfolios entspricht, ist in diesem Modell unglaubwürdig, da die betroffene Partei später keine Kontrolle über ihre Umsetzung oder Nicht-Umsetzung ausüben kann. Basierend auf diesen Annahmen wäre also zu erwarten, dass jede Partei ihre Policies in jenen Bereichen der Vereinbarung verankern kann, die auch den Portfolios entsprechen, die sie zugesprochen bekommen hat.

Der Koalitionsvertrag macht dann keine Aussage, die über die Verteilung der Portfolios hinaus geht. Folglich bleibt die Funktion des Vertrages auf seine Signalwirkung beschränkt. Ihm können zwei Funktionen zugeschrieben werden, die erklären, warum sich Koalitionsparteien auch in diesem Modell die Mühe machen, ein umfangreiches vertragsähnliches Dokument aufzusetzen. Erstens kann der Koalitionsvertrag als eine Werbestrategie gesehen werden, die zum Beispiel die Handlungsfähigkeit der Koalition demonstrieren oder die Intention der Umsetzung von Wahlversprechen zu verdeutlichen soll. Auch den Wählern kann mit Blick auf das Dokument vermittelt werden, dass einige Wahlversprechen bereits „beschlossen" wurden.

Die zweite Funktion des Vertrages aus dieser Perspektive ist die Befriedung innerparteilicher Konflikte. Die Parteispitzen können mithilfe eines Vertrages ihre Zugeständnisse als *package deal* präsentieren, zu dem die Parteimitglieder leichter zustimmen können als zu einzeln verhandelten Policies. Später können sie sich bei innerparteilichen Konflikten auf ihre vertraglichen Verpflichtungen gegenüber dem Koalitionspartner berufen. (Müller und Strøm 2011: 165)

Zusammenfassend kann gesagt werden, dass der Koalitionsvertrag im Sinne von Laver und Shepsle keinen Mehrwert über die Verteilung von Portfolios hinaus erfüllt, da ein Minister immer als „policy dictator" in seinem Ressort auftritt. Folgende Hypothese wird zu überprüfen sein:

H1: In Koalitionsverträgen werden Policies so zwischen den Parteien getauscht, dass ihre Verteilung auch der Verteilung der Portfolios entspricht.

Wie würde eine solche Verteilung aussehen? Dies soll kurz an einem modellhaften Beispiel verdeutlicht werden: In einem klassischen eindimensionalen Modell, welches die möglichen Alternativen des politischen Spektrums zeigt, verortet sich Partei A als eher links, Partei B als eher rechts. Zur Vereinfachung wird angenommen, dass diese Parteien eine Einigung bezüglich zweier Policies treffen müssen.

Abbildung 1: Tausch von Policies unter dezentraler Autorität.

Die linke Hälfte von *Abbildung 1* zeigt die Einigung der beiden Parteien bezüglich der ersten Policy. Dies könnte zum Beispiel die Festlegung der Höhe der Steuern sein. In diesem hypothetischen Fall hat sich Partei B gegenüber Partei A behauptet und die Policy BA in der Nähe ihrer Idealposition durchgesetzt. Die rechte Hälfte der Abbildung zeigt die Situation derselben Parteien bezüglich einer anderen Policy, angenommen der Anzahl der gesetzlich vorgeschriebenen Urlaubstage für Arbeitnehmer. Hier konnte sich Partei A gegenüber Partei B durchsetzen.

Die Wähler kommen, legt man typische rechts-links Positionen zugrunde, in den Genuss von niedrigen Steuern und vielen Urlaubstagen. Theoretisch hätten die Verhandlungen aber auch das gegenteilige Ergebnis hervorbringen können, nämlich hohe Steuern und wenige Urlaubstage.

Würde man das Verhandlungsergebnis aus dem Beispiel graphisch in einem zweidimensionalen Politikraum darstellen, so würde es zunächst als ineffizientes Ergebnis erscheinen, weil es (ohne Kenntnis des Status Quo) von der Pareto-Linie zwischen den Parteien abweicht. Das ist aber ein falscher Eindruck. Denn weil Koalitionsverhandlungen als *package deal* beschlossen werden, können die Akteure Nutzenverluste in einem Bereich hinnehmen, solange sich ein positiver Gesamtnutzen über alle Politikfelder hinweg ergibt (Arndt 2008: 74f.).

Außerdem impliziert das Modell, dass der Tausch nicht zufällig geschieht. Es werden zwei Annahmen zugrunde gelegt:

a.) Die Policies werden nicht separat, sondern als *package deal* verhandelt. Dabei wird in den Verhandlungen der „Verlust" einer Policy durch den „Gewinn" einer anderen Policy ausgeglichen.

b.) Die Verteilung der Policies geschieht nicht zufällig, sondern analog zur Verteilung der Portfolios. Wenn also die Besetzung der Portfolios bekannt ist, kann auch vorhergesagt werden, wie die entsprechenden Policies getauscht werden.

Es darf nicht vergessen werden, dass diese Hypothese dem Modell der Portfolio Allokation (Laver und Shepsle 1990) als wichtige Annahme zugrunde liegt, selbst aber von den Autoren nicht getestet oder hinterfragt wird. Daher trägt ihre Überprüfung auch ganz direkt – und nicht nur mittelbar über Policies – zur Überprüfung der Portfolio Allokation bei. Ihre Bestätigung würde in ihrer letzten Konsequenz auch bedeuten, dass die

Erforschung der Verteilung von Policies hinter jener der Verteilung von Portfolios zurückstehen sollte. Da letztere empirisch leichter erfasst werden kann und die Policies zugleich „mit erfassen", würde sich der Mehraufwand der Auswertung von Koalitionsverträgen kaum bezahlt machen.

1.2 Kompromisse unter zentraler Autorität

Müller und Strøm (2011) setzen den Annahmen von Laver und Shepsle die Perspektive der Vetospielertheorie entgegen. Allerdings orientieren sie sich dabei zwar an den Annahmen von Tsebelis (2002), finden aber natürlich keine verteilungsorientierte Koalitionstheorie vor, die für die Fragestellung ähnlich präzise Aussagen macht wie das PA Modell von Laver und Shepsle.

Bei Tsebelis (2002) stellt jede Partei einer Koalitionsregierung einen Vetospieler dar, also einen Akteur, dessen Zustimmung zur Veränderung des Status Quo unabdingbar ist. Das heißt, unabhängig von der Verteilung der Portfolios müssen beide Parteien einer Policy zustimmen.

Auch diese Perspektive scheint den Koalitionsvertrag zunächst *ad absurdum* zu führen, da die Vetomacht einer Partei während der gesamten Legislaturperiode bestehen bleibt. Auch Inhalte, die während der Koalitionsgespräche bereits verhandelt wurden, unterliegen weiterhin dem Veto aller Regierungsparteien. Eine solche Situation erschwert die Regierungstätigkeit und verlangsamt Entscheidungsprozesse.

In den Augen von Müller und Strøm (2001) setzt der Koalitionsvertrag die Vetomacht der Parteien allerdings in Teilen außer Kraft. Er erhöht nämlich die Kosten für das Aussprechen eines Veto gegen eine Vereinbarung aus dem Koalitionsvertrag. Das heißt, was hier beschlossen wurde, findet seinen Weg tatsächlich leichter in die Regierungstätigkeit. Empirische Bestätigung für diese These findet sich z.B. bei Timmermans und Moury (2006) in einer Studie über belgische und niederländische Kabinette: die meisten Verhandlungsergebnisse aus dem Koalitionsvertrag wurden umgesetzt, während Konflikte in der Regierung mehrheitlich über Themen entbrannten, die nicht im Koalitionsvertrag geregelt worden waren.

Auch aus der Perspektive zentraler Autorität ist ein wesentliches Motiv der Parteien ihre Glaubwürdigkeit. Hier wirkt sie allerdings *ex-post*, indem einmal getroffene Vereinbarungen eingehalten werden müssen. Nur wenn die Parteien *credible commitments* eingehen und einhalten, bleibt die

Koalition regierungsfähig. Bricht eine Partei hingegen eine Vereinbarung aus dem Koalitionsvertrag, wird sich dies auch auf ihre zukünftige Regierungsbeteiligung auswirken. Wähler werden den Vertragsbruch wahrscheinlich mit Nicht-Wahl, potenzielle Koalitionspartner mit Nichtbeachtung bei der Regierungsbildung abstrafen.

Wie würden Parteien Policies unter der Annahme zentraler Autorität verteilen? Die Antwort ist leider nicht so eindeutig, wie sie durch die Gegenüberstellung von Müller und Strøm zunächst scheint. Der entscheidende Unterschied ist, dass ein Tausch von Policies auch hier *denkbar, aber nicht zwingend* vorgegeben ist. Wichtig ist nur, dass beide Parteien in der Situation der Verhandlungen einer bestimmten Policy-Verteilung zustimmen. Sie könnten sich dabei durchaus für einen Tausch ihrer politischen Präferenzen entscheiden. Unter der Annahme, dass Minister nicht als „Policy-Dictators" auftreten, ist eine solche Verteilung aber nicht automatisch vorgegeben.

Die Verhandlungspartner hätten gute Gründe, sich auch für eine andere Verteilung zu entscheiden. Unter zentraler Autorität sind die Verhandlungen schwieriger und womöglich langwieriger, da die Verteilung nicht *a-priori* vorgegeben ist. Jede Partei versucht, das beste Ergebnis für sich zu erzielen. Partei A wird ihrem Koalitionspartner auch in solchen Bereichen Zugeständnisse entlocken wollen, die nicht unter ihrer eigenen ministeriellen Kontrolle stehen. Im Gegenzug wird sie in anderen Bereichen auch von Partei B zu Zugeständnissen gedrängt.

Die Folge könnten Verhandlungen sein, die so lange andauern, bis sich die Policies genau in der Mitte zwischen den Idealpositionen der Parteien befinden. Die Parteien haben dann echte Kompromisse (im umgangssprachlichen Sinn) geschlossen und der Koalitionsvertrag erfüllt seine klassische Kontrollfunktion. *Abbildung 2* verdeutlicht diese Situation graphisch.

Abbildung 2: Policy-Kompromisse unter zentraler Autorität.

Eine solche Verteilung durch Kompromisse scheint recht intuitiv. Die genaue Platzierung der Policies (BA und AB) „in der Mitte" ist derweil eine idealtypische Darstellung. Das Verhandlungsergebnis ist auch im zweidimensionalen Modell pareto-optimal – das heißt, eine Policy kann nicht zugunsten einer Partei verschoben werden, ohne gleichzeitig den Nutzen der anderen Partei zu verringern. Das Pareto-Kriterium ist bei komplexen Verhandlungen jedoch sehr anspruchsvoll und Abweichungen sind erwartbar (Arndt 2008: 58–67).

Wahrscheinlich unterscheiden sich die Parteien in ihrem Verhandlungsgeschick und ihrer Verhandlungsmacht, sodass sie ein Scheitern der Koalition unterschiedlich glaubhaft androhen können. Lupia und Strøm bezeichnen diese Art der Verhandlungsmacht als „walk-away value" (2011: 63). Aus der Koalitionstheorie ist aber auch bekannt, dass die Größe des Win-Sets immer auch von der Lage des Status Quo abhängt, der in diesem Modell unbekannt ist und deswegen unberücksichtigt bleiben muss. Das ist ein Nachteil, da der Status Quo in räumlichen Modellen als ungemein wichtig für die Verhandlungsergebnisse eingeschätzt wird.

In der Realität können eine Vielzahl von Faktoren eine pareto-optimale Verteilung stören. Dennoch kann angenommen werden, dass eine solche Verteilung zumindest annähernd erreicht werden kann. Die Hypothese lautet entsprechend:

H2: In Koalitionsverträgen werden Kompromisse geschlossen, die annähernd zwischen den jeweiligen Parteipositionen im Wahlprogramm liegen.

Des Weiteren stellt sich die Frage, ob die parteipolitische Zusammensetzung einer Koalition einen Einfluss auf die Verteilung von Policies hat. Begünstigt ideologische Ähnlichkeit das Schließen von Kompromissen? Dafür finden sich zumindest einige wage Hinweise in der Koalitions- bzw. Spieltheorie.

Räumliche Modelle zeigen, dass das Winset zweier Parteien bei zunehmender Nähe ihrer Idealpunkte größer wird (Arndt 2008: 70). In den Worten von Sened (1996: 351): „A coalition in office can only implement one policy. It is cheaper for the formateur of a coalition to 'sell' this policy to moderate, central parties than to parties that insist on extreme ideological positions". Parteien mit ideologischer Ähnlichkeit können sich also leichter auf gemeinsame politische Inhalte einigen. Das könnte dafür sprechen, dass sie die Kompromisslogik gegenüber einer Tauschlogik bevorzugen.

Die Koalitionstheorie lehrt, dass Akteure bei komplementären Interessen einen höheren Nutzen erzielen können. Zumindest sollten sie sich bei der Verteilung der Ministerien leichter einigen können (Pappi, Schmitt und

Linhart 2008: 323; 339). Sollte die Verteilung von Policies analog zur Verteilung von Ministrieren erfolgen, dann führt ideologische Unähnlichkeit zu Tausch. Außerdem kann Tausch helfen, in schwierigen Verhandlungssituationen, in denen keine Kompromisse möglich scheinen, ein Scheitern derselben zu verhindern (Arndt 2008: 108).

In eine ähnliche Richtung deuten auch Forschungsergebnisse zur Koalitionsstabilität. Es wird vermutet, dass nicht ideologisch verbundene Koalitionen deshalb (konträr zur Erwartung) stabiler sind als ideologisch verbundene, weil sie Policies aufteilen und so Konflikten aus dem Weg gehen (Kropp 2008: 521).

Die theoretische Fundierung ist zwar relativ spärlich, trotzdem lässt sich vermuten, dass folgende Hypothese zutrifft:

H3: Je weiter die Parteien programmatisch voneinander entfernt sind, desto wahrscheinlicher ist ein Tausch.

Andererseits könnte es für policy-orientierte Parteien rational sein, im Vorfeld einer Wahl nicht ihre reale Position, sondern eine radikalere Haltung zu artikulieren. Auf diese Weise steigt ihre Verhandlungsmacht während der Koalitionsgespräche (Debus 2005: 415). Was in der Messung von Wahlprogrammen und Koalitionsverträgen dann sichtbar werden würde, wäre eine Kompromisslogik – obwohl eigentlich eine Tauschlogik vorliegen könnte. Jedenfalls erschwert die Unsichtbarkeit von „realen" Präferenzen die Interpretation der Daten. Alles, was durch die öffentlichen Dokumente gemessen werden kann, sind die artikulierten Präferenzen der Parteien.

Insgesamt können natürlich nicht alle Bedenken gegen die Relevanz von Koalitionsverträgen aufgehoben werden, denn: „We cannot read the script as the performance" (Müller und Strøm 2011: 159). Dennoch enthält das Skript wichtige und vor allem leicht zugängliche Daten. Der Aufwand der Erhebung steht in keinem Vergleich zu dem Versuch, die „performance" adäquat zu messen. Trotzdem sollte der Einwand von Müller und Strøm auch im Hinblick auf die Ergebnisse dieser Studie im Hinterkopf behalten werden.

2. Parteienwettbewerb: Position und Salienz

In diesem Abschnitt werden zwei Theorien miteinander kontrastiert, die Parteienwettbewerb unterschiedlich modellieren. Das heute weit verbreitete Modell eines räumlichen Parteienwettbewerbs hat im vorigen Abschnitt bereits Verwendung gefunden. Mit *An Economic Theory of Democracy* legte Downs 1957 den Grundstein für diese Modelle. Hier treten die Parteien auf einer rechts-links Achse in direkte Konfrontation um ihre ideologischen Positionen. Im Gegensatz dazu gehen Verfechter der Salienztheorie, zurückgehend auf Budge und Farlie (1983) davon aus, dass die selektive Betonung von Themen den Parteienwettbewerb strukturiert (vgl. Dolezal et al. 2012: 58).

Beide Ansätze nehmen rationale politische Akteure an, die im Wettbewerb um Wählerstimmen konkurrieren. Dabei gehen sie kalkuliert vor und passen ihre Strategie der Position ihrer Wähler, der Position anderer Parteien und entsprechend ihrer Ziele an. Letzteres, nämlich die Frage nach den Zielen der Parteien, sorgt für eine bis heute bestehende Kontroverse.

Im räumlichen Modell des Parteienwettbewerbs strebten die Parteien anfänglich (A. Downs 1957; Riker 1962) nur nach der Besetzung politischer Ämter (office). Dem wurde aber bald die theoretische Perspektive der policy-Orientierung entgegen gesetzt (Axelrod 1970; De Swaan 1973). Seit Strøm (1990) und Müller und Strøm (1999) wird auch die gegenseitige Abhängigkeit dieser Ziele voneinander diskutiert, allerdings hält die Debatte darüber, ob Parteien in erster Linie office- oder policy-orientiert handeln, weiter an.

Die in dieser Arbeit gestellte Frage – Wie werden Policy-Payoffs verteilt? – impliziert im Prinzip die Annahme, dass Parteien (auch) nach der Umsetzung ihrer politischen Präferenzen streben. Daher soll zumindest kurz darauf eingegangen werden, welche empirischen Belege sich für diese Annahme finden lassen.

Bei A. Downs (1957) gibt es keinen Grund, warum eine Partei nicht die Position im räumlichen Modell einnehmen sollte, die ihr die meisten Wählerstimmen einbringt. Sie verhält sich also rein office-orientiert. Diese Annahme findet sich auch bei Riker (1962), der damit die Entstehung von „minimum winning" Koalitionen erklärt. Allerdings kommen in Rikers

Modell keine Minderheitsregierungen oder Übergroße Koalitionen vor, die jedoch in Europa eine keineswegs zu vernachlässigende Ausnahme sind (W. Downs 1998: 22). Daraus ergibt sich, dass die office-Orientierung für sich genommen die Empirie nicht ausreichend erklärt – und Parteien deshalb auch policy-orientiert handeln müssen.

Im Allgemeinen hat sich der Fokus der Erforschung von Parteizielen dahingehend verschoben, herauszufinden, welche Unterschiede zwischen Parteien bezüglich ihrer Ziele bestehen. Sened (1996: 351) geht davon aus, dass Parteien in unterschiedlichem Maße dazu bereit sind, ideologische Kompromisse einzugehen (ähnlich die Policy-Horizons Hypothese von Warwick 2000). Klüver und Spoon (2013: 7) fanden zum Beispiel heraus, dass kleine gegenüber großen Parteien eher policy-orientiert handeln. Pedersen (2012: 907) schreibt dies dem geringeren Trade-Off zu, dem große Parteien begegnen: durch die Besetzung von (mehr) Ämtern können sie zugleich auch ihre Policies umsetzten.

Neben dem theoretischen Perspektivenwechsel von Office zu Policy hat der räumliche Parteienwettbewerb auch einen wichtigen empirischen Perspektivenwechsel hinter sich. Während das räumliche Modell ursprünglich eindimensional war, ging man später dazu über, mehr als eine Dimension in die Analyse einzubeziehen.

In den 80er Jahren wurde die klassische eindimensionale Skala durch das Aufkommen von ökologischen Parteien infrage gestellt (von Beyme 1984: 314). Heute wird meist konventionell ein zweidimensionaler Politikraum modelliert. Dieser findet sich zum Beispiel bei Schofields „Core Party" Modell (1996) oder bei Laver und Sheplses (1990; 1996) Modell der Portfolio Allokation. Allerdings muss mit dem Aufkommen neuer Konfliktlinien auch das zweidimensionale Modell infrage gestellt werden. Neue Parteien wie die „Alternative für Deutschland" (AfD), das zeigt die intensive Diskussion um die Position dieser Partei besonders in ihrer Anfangszeit, lassen sich hier nicht so einfach verorten – sodass man zum Beispiel über eine dritte, EU-spezifische Dimension nachdenken könnte.

Benoit und Laver (2006) beschäftigen sich ausführlich mit der Konvention eines zweidimensionalen Modells und kommen zu dem Schluss, dass die Existenz eines solchen nicht zwingend theoretisch vorgegeben, sondern eine empirische Frage ist. Zwar sei das räumliche Denken über politische Positionen generell intuitiv (2006: 11), in der politikwissenschaftlichen

Literatur fände sich aber kein einziges Argument darüber, ob „echte Menschen" tatsächlich in euklidischen Begriffen denken. Benoit und Laver jedenfalls zweifeln daran, wie auch andere Experten des Feldes, die inoffiziell befragt wurden. So geschehe das Modellieren eines zweidimensionalen Raums eher aufgrund des Vorhandenseins passender Analysestrategien und der visuellen Effekte wegen. (Benoit und Laver 2006: 17–25)

Das Fazit der Autoren ist ernüchternd: „The Euclidean representation of this information is arbitrary – one among an infinite number of mathematical possibilities" (Benoit und Laver 2006: 21).

Wie der politische Raum dargestellt wird und entlang wie vieler Dimensionen der Parteienwettbewerb verläuft, ist also eine offene empirische Frage. Ihre Antwort kann dabei von Staat zu Staat unterschiedlich ausfallen. In einem Zweiparteiensystem korrelieren notwendigerweise alle Dimensionen miteinander – jede Position einer Partei auf einer Dimension X kann von ihrer Position auf einer anderen Dimension Y vorhergesagt werden.

Auch in Mehrparteiensystemen korrelieren Dimensionen, allerdings in unterschiedlichem Maße. Ab welcher Grenze der (Un-)Verbundenheit ein politisches Thema zu einer eigenständigen Dimension wird, muss ungeklärt bleiben. Laver und Benoit lösen dieses Problem, indem sie jedes Thema als eigenständige Dimension begreifen, das ausgewählte Experten als relevant eingestuft haben (2006: 83–85). Dimensionalität bleibt aber ein schwammiger Begriff. Das zeigt sich auch daran, dass oft empirisch weniger problematische Begriffe wie *issue categorie* oder *types of issues* (letzteres bei Budge und Farlie 1983: 36) äquivalent gebraucht werden.

Trotz dieser Problematik sind räumliche Modelle in der empirischen Literatur weit verbreitet. Ihr Hauptwidersacher ist die Salienztheorie, die ihre Verbreitung hauptsächlich der Anwendung des *Comparative Manifesto Project* (CMP) verdankt (Budge et al. 2001; Klingemann et al. 2006).

Die Salienztheorie ist eine Kritik an A. Downs räumlichem Modell. Budge und Farlie kritisieren die Annahme vollständiger Information im Rational-Choice-Ideal. Die Wähler wären gar nicht in der Lage, die Konsequenzen aller Policies vorherzusehen, Vorteile und Nachteile abzuwägen und sich schließlich anhand dieser Informationen „richtig" zu entscheiden. Vielmehr setzten Wähler (und Parteien) auf Komplexitätsreduktion – sie „kalkulieren simpel" (1983: 146f.).

Für ihre eigene Theorie starten Budge und Farlie (1983: 22–26) bei der Beobachtung, dass Parteien in Wahlprogrammen keinen direkten Bezug auf ihren politischen Gegner nehmen. Oppositionsparteien beschäftigen sich weniger mit Details der Regierungspolitik, als eigene thematische Schwerpunkte zu setzten. Das gehe so weit, dass Parteien „aneinander vorbeireden".

Jede Partei betont ihre eigenen Themenbereiche – und zwar solche, mit denen sie voraussichtlich bei den Wählern erfolgreich sein wird. Zur Illustration kann wieder das Beispiel aus dem vorigen Abschnitt (*Abbildungen 1 und 2*) herangezogen werden. Die Themen, bei denen sich die Parteien A und B einigen müssen, sind die Höhe der Steuern und die Zahl der Urlaubstage für Arbeitnehmer. Im räumlichen Modell oben befürwortet Partei A im Wahlkampf hohe Steuern und viele Urlaubstage. Partei B hingegen will niedrige Steuern und wenige Urlaubstage.

In der Salienztheorie wird ein Wahlkampf aber *nicht* über die Positionen beider Parteien bezüglich beider Themen geführt. Vielmehr setzt jede Partei das Thema auf die Agenda, mit dem sie mehr Wählerstimmen für sich gewinnen kann. Folglich würde Partei A vermutlich eine hohe Zahl von Urlaubstagen bewerben und Partei B niedrige Steuern ins Zentrum ihres Wahlkampfes stellen, um so viele Wähler wie möglich auf ihre Seite zu ziehen.

Dieser „selective emphases" (Robertson 1976) führt dazu, dass sich langfristig eine Verbindung zwischen spezifischen Themen und Parteien etabliert. Weil die Parteien den Wahlkampf entlang bestimmter Themen führen, übernehmen auch die Wähler diese (vereinfachte) Perzeption. Sie assoziieren dann ein Thema mit einer bestimmten Partei. (Budge und Farlie 1983: 25f.)

Die Parteien wiederum kennen ihr Wählerklientel, und wissen, welche Positionen sie vertreten müssen, um bei dieser Gruppe weiterhin populär zu sein. Aus dem Wechselspiel von Parteien und Wählern ergibt sich mit der Zeit eine stabile Themenbindung von Parteien, die nur durch das Aufkommen neuer *cleavages* durcheinander gebracht werden kann. (Petrocik 1981: 111–116)

Dieses Konzept wird als „issue ownership" bezeichnet. Es ist in der Salienztheorie entscheidend für den Wahlausgang. Denn welche Partei eine Wahl gewinnt ist nicht primär abhängig von ihrer Position, sondern von ihrer „issue ownership". Üblicherweise entspricht die Parteiposition dieses Themenbereichs der Mehrheitsmeinung und ihr wird hier eine hohe Kompetenz zugeschrieben (Dolezal et al. 2014: 60). Deshalb sind es nicht länger Parteipositionen, die Wahlentscheidungen beeinflussen, sondern die Themen auf der tagespolitischen Agenda. Werden Themen wichtiger oder weniger wichtig, ändern sich auch die Wahlentscheidungen.

Von daher ist das Agenda-Setting für Parteien essentiell. Eine Partei will ein Thema auf die Agenda setzten, mit dem sie selbst gut, ihr politischer Gegner aber schlecht dasteht. Zugleich muss sie verhindern, dass der Konkurrenz ebendieser Schachzug gelingt (Green-Pedersen 2007: 609).

An dieser Stelle kommen „issue competition" und räumlicher Wettbewerb aber auch zusammen. Offensichtlich haben beide Parteien eine Position zu einem Thema, nur dass sich eine erhöhte Aufmerksamkeit für dieses Thema für eine Partei bezahlt machen, und der anderen im selben Moment schaden kann. Aus dieser Perspektive treten beide Logiken in einer bestimmten Reihenfolge auf: zuerst beziehen die Parteien ihre Positionen, die man durchaus auf einer rechts-links Achse einordnen kann. Dann konkurrieren sie um die Dominanz ihrer „issue ownership" und müssen schließlich wieder einen positionalen Wettbewerb austragen, weil sie beide auf Themen, die schließlich im Wahlkampf auf der Agenda stehen, reagieren müssen. (Green-Pedersen 2007: 610)

Auf diese Weise findet eine Verzahnung der beiden Konzepte in theoretischer, aber auch in empirischer Hinsicht statt. Auch in wichtigen Beiträgen zur Salienzthoerie (Petrocik 1981) werden räumliche Modelle verwendet, um politische Positionen abzubilden. Außerdem ist es nicht unüblich, dass CMP-Daten in räumlichen Modellen ausgewertet werden. Schließlich gibt es auch Studien, die zeigen wollen, dass sich der Parteienwettbewerb von einem rein positionellen zu einem stärker salienzbasierten Wettbewerb gewandelt hat, beide Theorien aber ihre Gültigkeit behalten (Green-Pedersen 2007).

Die Vermischung der beiden Theorien ist also weit verbreitet. Diese Arbeit geht in eine ähnliche Richtung, indem sie zwar den räumlichen Wettbewerb durch die Messung von Distanzen in den Mittelpunkt stellt, Salienz als möglicher erklärender Variable für die Verteilung von Policies aber ebenfalls Bedeutung zumisst:

H4: Je mehr Bedeutung eine Partei einem Politikbereich zumisst, desto stärker kann sie ihre politischen Präferenzen in diesem Bereich umsetzen.

Durch diese Hypothese werden Tauschlogik und Salienz verknüpft, denn „Beim Tausch werden nicht (...) nur die Präferenzen (Verhandlungspositionen), sondern auch die Präferenzintensitäten der Akteure (Interessen) berücksichtigt" (Arndt 2008: 79). Der logische Hebel, der Präferenzen und Präferenzintensitäten verknüpft, ist das Agenda-Setting.

Zur besseren Übersicht sollen am Ende der theoretischen Reflexion noch einmal alle generierten Hypothesen aufgeführt werden:

H1: In Koalitionsverträgen werden Policies so zwischen den Parteien getauscht, dass ihre Verteilung auch der Verteilung der Portfolios entspricht.

H2: In Koalitionsverträgen werden Kompromisse geschlossen, die annähernd zwischen den jeweiligen Parteipositionen im Wahlprogramm liegen.

H3: Je weiter die Parteien programmatisch voneinander entfernt sind, desto wahrscheinlicher ist ein Tausch.

H4: Je mehr Bedeutung eine Partei einem Politikbereich zumisst, desto stärker kann sie ihre politischen Präferenzen in diesem Bereich umsetzen.

3. Forschungsstand

3.1 Portfolio Allokation

„Scholars have asked three classes of questions about governing coalitions: those concerning coalition formation, those concerning coalition maintenance, and those concerning coalition termination." (W. Downs 1998: 20). Im räumlichen Parteienwettbewerb mit *policy-seeking parties* werden diejenigen Parteien eine Koalition bilden, welche die geringste Distanz zueinander aufweisen. Modelle dieser theoretischen Ausrichtung testen, *ob* ideologisch ähnliche Parteien miteinander koalieren (Austen-Smith and Banks 1990; Laver and Shepsle 1990). Sie testen aber nicht, wie Policy Payoffs tatsächlich aufgeteilt werden.

Begibt man sich in der Literatur von der Koalitionstheorie aus auf die Suche nach Spuren von Policy Payoffs trifft man zunächst auf einen breit ausgetretenen Weg, der sich mit der Allokation von Portfolios beschäftigt. Hier findet sich „one of most impressive of empirical findings in all of social science" (Warwick und Druckman 2001: 627). Gemeint ist „Gamsons Law", die von Gamson (1960: 382) aufgestellte und wenig später von Browne und Franklin (1973) mit erstaunlichen 85 Prozent erklärter Varianz bestätigte These, dass Portfolios in Koalitionsverhandlungen proportional zur Sitzstärke der beteiligten Parteien aufgeteilt werden. Es gilt also: Je größer eine Partei im Verhältnis zu ihrem Koalitionspartner, desto höher ihr Anteil an den Ministerposten. Browne und Franklin stellten dabei nur ein leichtes Ungleichgewicht zugunsten von kleineren Parteien fest.

Folgestudien konzentrieren sich daher auf die Erklärung dieses „small party bias". Ein gängiger Ansatz ist, neben der quantitativen auch die qualitative Aufteilung von Office zu berücksichtigen. Warwick und Druckman (2001) argumentieren, dass eine Gewichtung der Ministerposten, insbesondere des wichtigen Amts des Premierministers, die vermeintliche Überkompensation der kleinen Parteien erklären kann. Solche Erklärungen berücksichtigen aber nur überparteilich, gewissermaßen objektiv, wichtige Ämter.

Neben ihnen wird auch die ideologische, also zwischen den Parteien variierende Bedeutung von Portfolios diskutiert. Wenn die Parteien ihr

Wählerklientel ansprechen bzw. ihre Policies umsetzen wollen, so sollten sie nach der Besetzung unterschiedlicher Ministerien streben. Das gilt sowohl für Nischenparteien mit Spezialisierung auf einem Politikfeld als auch für traditionell große Parteien wie Sozialdemokraten, denen eine Affinität für den Bereich Arbeit bescheinigt wird (z.B. Pappi, Schmitt und Linhart 2008: 325).

Nach Browne und Feste (1975) haben die größten Parteien nach dem Amt des Premierministers vor allem die Ressorts Verteidigung, Finanzen, Wirtschaft, Bildung und Außenpolitik inne. Die Autoren schließen daraus auch auf die Wichtigkeit dieser Ressorts, vor allem, weil sie – mit Ausnahme des Landwirtschaftsministeriums – keine Beweise für eine ideologisch basierte (d.h. nach Parteifamilien strukturierte) Verteilung finden. Andere Studien hingegen finden Anhaltspunkte für eine solche Interpretation. Der Unterschied zu Browne und Feste (1975) liegt wahrscheinlich in der Operationalisierung von Ideologie durch Parteifamilien. Da nicht in jedem Staat alle Parteifamilien vertreten sind, belegen diese unterschiedliche thematische Nischen, was ihre Vergleichbarkeit in dieser Hinsicht untergräbt.

Andere Autoren schauen daher auf einzelne Parteien statt auf ganze Parteifamilien. Linhart und Windwehr finden heraus, dass Parteien die Wichtigkeit von Portfolios durchaus unterschiedlich bewerten. Zwar bewerten alle Parteien in den deutschen Ländern das Ressort Finanzen als wichtig, aus Perspektive der CDU/CSU und FDP ist dies aber das wichtigste Ressort, während bei der SPD Schule/Bildung, bei den Grünen Energie und bei der Linkspartei Arbeit auf Platz eins logiert (Linhart und Windwehr 2012: 592).

Nimmt man an, dass Parteien diese Ministerien nutzen, um ihre eigenen Schwerpunktthemen umzusetzen (Laver und Shepsle 1996), dann sollten solche Präferenzen auch in Wahlprogrammen sichtbar werden. Ebendiesen Zusammenhang können Bäck, Debus und Dumont (2011) für zwölf westeuropäische Staaten bestätigen.

Studien über die qualitative Allokation von Portfolios befinden sich schon einen Schritt näher an der Fragestellung dieser Arbeit als solche über eine rein quantitative Aufteilung. Allerdings beschäftigen sich nur wenige Studien explizit mit der Verteilung von Policy Payoffs.

Quinn, Bara und Bartle (2011) wollen die Frage beantworten, welche Partei nach den Wahlen in Großbritannien 2010 die Koalitionsverhandlungen gewonnen hat. Sie nutzen dazu die Kodierung des Comparative

Manifesto Project (CMP) und übertragen sie auf den Koalitionsvertrag. Die Autoren kommen zu dem Ergebnis, dass der Vertrag auf einer allgemeinen rechts-links Achse wesentlich näher an der Idealposition der Liberalen (1.6 Einheiten Abstand) als an den Konservativen liegt (16 Einheiten Abstand). Betrachtet man allerdings einzelne Politikfelder, unterscheiden sich die Ergebnisse zum Teil vom Gesamtergebnis. So haben die Konservativen die Koalitionsverhandlungen vor allem in wirtschaftspolitischen Fragen gewonnen.

Für den konkreten Fall ist die Untersuchung von Quinn, Bara und Bartle (2011) sehr interessant, sie sagt aber wenig Allgemeines über die Verteilung von Policies aus. Debus (2008b) fragt ebenfalls nach dem Gewinner der Koalitionsverhandlungen, er weitet die Perspektive aber auf eine höhere Fallzahl aus. Der Autor untersucht Koalitionen auf nationaler Ebene in Österreich, Deutschland, Irland und den Niederlanden. Er misst die Positionen von Parteien und Koalitionsverträgen und testet, ob starke (PA Model nach Laver und Shepsle 1996) und/oder zentrale Parteien (Political Heart Model nach Schofield 1996) näher am Koalitionsvertrag liegen. Hinter beiden Modellen steht die theoretische Annahme, dass die Verhandlungsmacht der Parteien wichtig für ihren Erfolg ist. Schließlich erweist sich nur das Political Heart Model als aussagekräftig. In zwanzig Fällen (83,3 Prozent) befindet sich der "key player" näher am Koalitionsvertrag als sein Koalitionspartner.

Das Ergebnis unterstützt die Vermutung, dass Portfolios anders aufgeteilt werden als Ministerien: „While the key parties in a clear majority of cases were located closest to the coalition policy agreement and hence received the highest policy payoffs of all coalition parties, in terms of office allocation the key player in the coalition game could not capture a greater share of offices" (Debus 2008b: 533).

Zweierlei Kritik muss an der Studie geübt werden: Da Debus sowohl das PA, als auch das Political Heart Modell so modifiziert, dass unwahrscheinliche Koalitionen auf Basis von Parteienaussagen oder nationalen Präferenzen zu Übergroßen Koalitionen aus der Analyse ausgeschlossen werden, arbeitet die Operationalisierung eventuell zugunsten des Ergebnis: „identifying pre-electoral alliances is often a tricky empirical issue that involves the danger of circular reasoning: there is a temptation to interpret the history of bargaining in the light of the coalitions that actually formed and thus to exaggerate the importance of prior commitments" (Verzichelli

2011: 241). Ein Nachteil dieser Vorgehensweise ist außerdem, dass sie nur dann angewandt werden kann, wenn die Modelle auch tatsächlich eine – und nur eine – zentrale Partei identifizieren (Debus 2008b: 531).

Neben Debus (2008b) haben auch Schermann und Ennser-Jedenastik (2008; 2014) die Frage nach der Verteilung von Policies konkret untersucht. Sie gehen der Frage nach, welche *Pledges* in Koalitionsverträge bei drei nationalen Wahlen in Österreich aufgenommen werden. Die Autoren stellen fest, dass sowohl die Bedeutung eines Pledges für eine Partei, als auch die Korrespondenz von Pledge und Besetzung des entsprechenden Portfolios die Wahrscheinlichkeit einer Aufnahme in den Koalitionsvertrag erhöht.

Die Besetzung des Portfolios ist hier aber bedeutender als die Salienz. Ersteres erhöht die Wahrscheinlichkeit, dass ein Pledge in den Koalitionsvertrag aufgenommen wird, um 43–47 Prozent, letzteres dagegen immerhin um 18–23 Prozent. (Schermann und Ennser-Jedenastik 2008: 96)

Neben der statistischen gibt es auch interessante anekdotische Evidenz zu diesem Befund. Im österreichischen Wahlkampf von 2005 war eines der wichtigsten Pledges der Sozialdemokratischen Partei (SPÖ), die Bestellung von achtzehn Militärflugzeugen rückgängig zu machen, die von der schwarz-gelben Regierung getätigt worden war. In den Koalitionsverhandlungen von Volkspartei (ÖVP) und SPÖ gestaltete sich die Kompromissfindung zu diesem Thema äußerst schwierig, man einigte sich schließlich auf die Reduzierung der bestellten Flugzeuge. Trotzdem wollte die ÖVP von der Implementierung dieser Policy Abstand nehmen und bestand auf die Übernahme des Verteidigungsministeriums durch die SPÖ – welches bis dahin in allen Großen Koalitionen immer in Hand der ÖVP gewesen war. Die Besetzung des Portfolios wurde also an den Policy-Gewinn der SPÖ angepasst. (Schermann und Ennser-Jedenastik 2008: 87)

Eine ähnliche Beobachtung machen Timmermanns und Moury (2006: 393) quasi „nebenbei" in einer Studie, in der es eigentlich um die Beendigung von Koalitionen geht: „Each party was given a sphere of influence in a particular policy field, and this approach of relative salience also was followed in the portfolio allocation".

Das ist insgesamt eine recht dürftige empirische Grundlage. Sie kann noch einmal in den Worten von Schermann und Ennser-Jedenastik (2008: 82) zusammengefasst werden: „While there thus seems to be a robust link between party and government policy, the exact nature of the relationship is not as clear as the one-to-one association between parliamentary seat shares and cabinet ministers found in studies of quantitative portfolio allocation."

Die vorliegende Arbeit ergänzt die wenigen bisherigen Ergebnisse auf mehrfache Weise. Erstens wird eine größere Anzahl an Wahlen statistisch analysiert. Das ist, zweitens, nur möglich, weil Wahlen auf einer anderen, nämlich subnationalen Ebene betrachtet werden. Und drittens wird der Parteienwettbewerb statt anhand einer allgemeinen rechts-links Achse über mehrere Politikfelder hinweg analysiert. Das trägt dem Umfang von Koalitionsverträgen und der Komplexität der Verhandlungen Rechnung.

3.2 Policy Payoffs der Dimensionen Wirtschaft und Gesellschaft

Debus (2008a) trägt mit einem Artikel über die Parteipositionen der SPD einen wesentlichen Teil zum Forschungsstand bei, ohne die eigentliche Thematik überhaupt zu streifen. Er analysiert Parteiprogramme und Koalitionsverträge deutscher Landtagswahlen von 1994 bis 2006. Mit Blick auf den Abstand der SPD-Position zu den von ihr geschlossen Koalitionsverträgen argumentiert er, dass sich die SPD von ihrem deutlich linkeren Wählerklientel entfernt habe. Indem die SPD zwar ökonomisch linke Wahlprogramme schreibt, aber deutlich rechtere Koalitionsverträge abschließt, leidet ihre Glaubwürdigkeit bei den Wählern. Die oben angesprochenen *credible commitments* sind dann nicht mehr gegeben.

Die Datengrundlage bei Debus bietet die Möglichkeit, auch den Abstand der anderen Parteien zu ihren Koalitionsverträgen genauer zu betrachten. Der Autor nutzt dabei ein zweidimensionales räumliches Modell mit den Dimensionen Wirtschafts- und Gesellschaftspolitik. Diese sind in Anlehnung an Laver und Shepsle (2006) definiert als: „Promotes raising/cutting taxes to increase public services" und „Favors/Opposes liberal policies on matters such as abortion, homosexuality, and euthanasia". Die Positionen zwischen diesen Endpunkten werden auf einer Skala von 1–20 erfasst.

Aus den Positionswerten bei Debus (2008a) kann leicht der Abstand einer Partei zu einem von ihr geschlossenen Koalitionsvertrag kalkuliert werden (siehe Anhang Tabelle I). *Tabelle 1* fasst die Ergebnisse zusammen, indem sie die mittleren Distanzen aller relevanten Parteien zu ihren Koalitionsverträgen zeigt.

Tabelle 1: Mittelwerte der Distanz zwischen Wahlprogramm und Koalitionsvertrag über alle Wahlen

Mittlerer Abstand	SPD	CDU	FDP	Grüne	Linke
Ökonomische Dimension	5,77	2,02	1,95	4,09	8,4
gesellschaftliche Dimension	2,82	6,59	3,46	4,38	2,1
Euklidische Distanz	7,14	7,88	5	6,7	10,6

(Quelle: Berechnung auf Basis von Debus 2008a)

Dabei wird deutlich, dass die SPD nicht einmal die größte euklidische Distanz zwischen ihren Wahlprogrammen und Koalitionsverträgen aufweist. Wenn eine große Distanz hier normativ als Mangel in der Umsetzung von Wahlversprechen in Policies interpretiert wird, so hat die Linkspartei insgesamt am schlechtesten abgeschnitten. Danach folgen in dieser Reihenfolge die CDU/CSU, die SPD, die Grünen und die FDP.

Interessant ist, dass die Distanzen der einzelnen Dimensionen zum Teil stark variieren. So weicht das Wahlprogramm der SPD auf der ökonomischen Dimension tatsächlich weit vom Koalitionsvertrag ab, auf der gesellschaftlichen Dimension hingegen lässt sich eine größere Nähe feststellen. Für die Linkspartei lautet der Befund ähnlich. Die CDU zeigt dagegen das gegenteilige Bild mit einem größeren Abstand auf der gesellschaftlichen, und einem geringeren Abstand auf der ökonomischen Dimension.

Die Daten von Debus erlauben einen ersten Einblick in die Verteilung von Policies. Dabei gibt es einige Auffälligkeiten. In 20 von 34 Fällen liegt der Koalitionsvertrag auf der ökonomischen Dimension rechts beider Wahlprogramme – also eigentlich außerhalb des zu erwartenden Bereichs. Die gesellschaftliche Dimension zeigt das gegenteilige, wenn auch nicht so drastische Bild: hier liegt der Koalitionsvertrag in 11 von 34 Fällen links des zu erwartenden Bereichs.

Die *Abbildungen 3* und *4* zeigen die Lage von Wahlprogrammen und Koalitionsverträgen anhand ausgewählter Wahlen.

Abbildung 3: Lage von Koalitionsverträgen und Programmen der Wahlen in Brandenburg 1999, Schleswig-Holstein 2005 und zum Bundestag 2005.

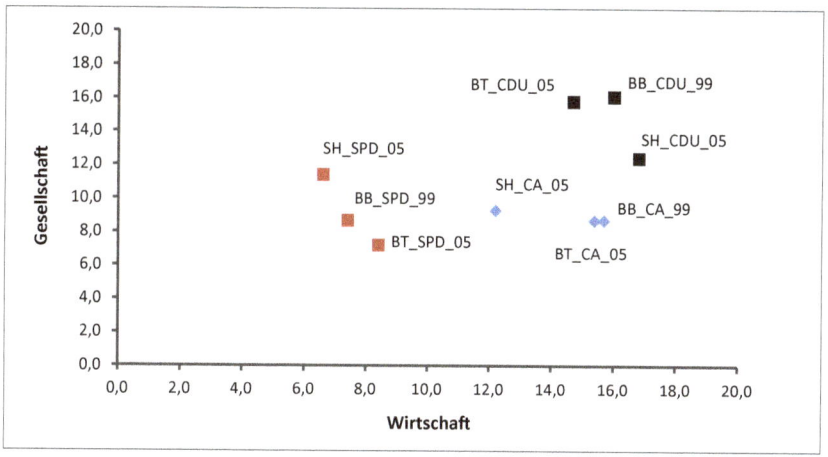

Abbildung 3 zeigt die Koalitionen von Union und SPD. Zwei der drei betrachteten Fälle folgen der Tauschlogik. Bei den brandenburgischen Wahlen von 1999 und den Bundestagswahlen von 2005 liegt der Koalitionsvertrag auf der gesellschaftlichen Dimension fast genau auf der Höhe des SPD-Parteiprogramms. Auf der Dimension Wirtschaft liegt er hingegen nahe dem Wahlprogramm der CDU. Bei den Bundestagswahlen 2005 tritt der Fall ein, der schon als besonders häufig beschrieben wurde: der Koalitionsvertrag liegt zwar wirtschaftlich nahe am Programm der Unionsparteien, letztlich aber rechts außerhalb des Raums zwischen beiden Wahlprogrammen.

Die Lage des Koalitionsvertrages in Schleswig-Holstein 2005 zeigt dagegen eher einen Ausnahmefall. Hier wird auf der wirtschaftlichen Dimension der Kompromisslogik gefolgt, das heißt der Vertrag liegt ziemlich genau auf halber Strecke zwischen den Wahlprogrammen der Koalitionsparteien. Gesellschaftlich tritt aber der ebenfalls häufig vorkommende Fall ein, dass der Koalitionsvertrag links beider Wahlprogramme liegt.

Abbildung 4: Lage von Koalitionsverträgen und Programmen der Wahlen Hamburg 1997 und Nordrhein-Westfalen 2005.

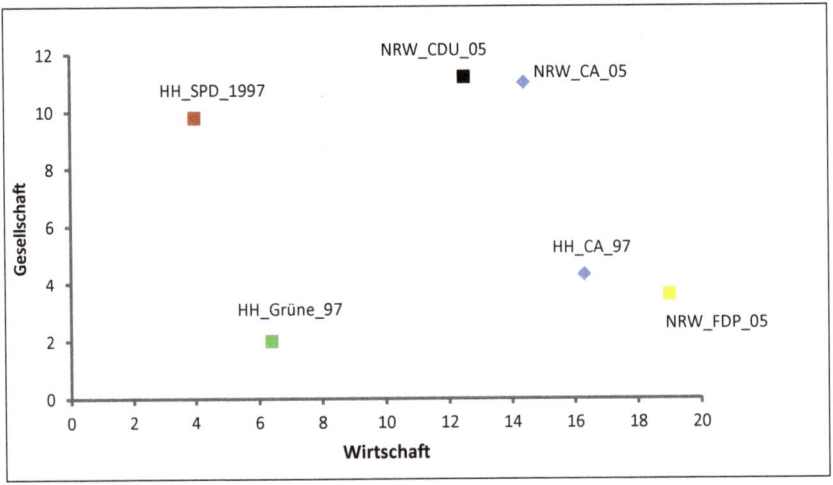

Abbildung 4 zeigt eine schwarz-gelbe und eine rot-grüne Koalition. Hier fällt auf, dass letztere eher dem entspricht, was auch schon bei den großen Koalitionen in *Abbildung 3* sichtbar wird. Wirtschaftlich liegt der Hamburger Koalitionsvertrag von 1999 sogar sehr weit rechts der beiden Wahlprogramme. Gesellschaftlich findet man ihn zwischen den Parteien, allerdings deutlich näher am grünen Wahlprogramm gelegen.

Ganz anders sieht die Verteilung der Policy-Payoffs in der schwarz-gelben Koalition aus. Auf beiden Dimensionen liegt der Koalitionsvertrag zwar „zwischen" den Parteiprogrammen, allerdings geht die nordrhein-westfälische CDU deutlich als Sieger hervor. Sie hat es offenbar geschafft, den Koalitionsvertrag nah an ihrem Wahlprogramm zu verorten.

Aus derlei Beobachtungen ergibt sich eine Reihe von Folgefragen. Unterscheidet sich die Policy-Payoff Distribution je nach Zusammensetzung der Koalition? Der erste Blick auf die Daten ließe dies vermuten, denn bei insgesamt sechs schwarz-gelben Koalitionen liegt der Koalitionsvertrag nur einmal außerhalb des Raums zwischen den Wahlprogrammen. Sind die Parteien unterschiedlich erfolgreich in der Umsetzung ihrer Policies im Koalitionsvertrag? Und wenn ja: Welche Kriterien bedingen den Erfolg?

Die Daten von Debus (2008a) dienen als Grundlage dieser Arbeit. An sie soll angeknüpft und so die Verteilung von Policy Payoffs weiter erhellt werden. Nach dem kurzen „Snapshot" in diesem Abschnitt wird im empirischen Teil (Kapitel 6) von daher noch einmal auf diese Daten zurückgegriffen. Der nächste Abschnitt widmet sich zunächst dem methodischen Vorgehen.

4. Methodisches Vorgehen

4.1 Fallauswahl

Gilt das Ergebnis für Staat X auch in anderen Staaten? Ziel internationaler Vergleiche ist es, eine Antwort auf diese Frage zu finden. Sie drängt sich auch beim Betrachten der Ergebnisse von Debus (2008a) auf. Erfolgt die Verteilung von Policy Payoffs überall nach ähnlichen Maßstäben, oder sehen wir eine deutsche Besonderheit? Sollen die Daten von Debus ergänzt werden, ist der erste Schritt ihre Erweiterung um einen anderen Staat.

Dieses Kapitel beschäftigt sich deshalb zunächst mit der Fallauswahl (3.1). Der zweite Schritt zur Ergänzung der Daten ist die Ausweitung des Blickwinkels auf andere Politikfelder, der im folgenden Abschnitt behandelt wird (3.2). Sodann wird die Erhebungsmethode diskutiert (3.3) und zum Abschluss der methodischen Vorbereitungen ein Pretest durchgeführt, um die Validität der Daten beurteilen zu können (3.4).

Von 1945 bis 2011 haben nationale Koalitionsregierungen in fünfzehn europäischen Staaten insgesamt 262 Koalitionsverträge geschlossen (Müller und Strøm 2011: 171). Dennoch haben Koalitionstheorien ein Datenproblem. Sie werden getestet und weiterentwickelt anhand von Daten, auf denen auch schon ihre Vorläufer aufbauten. Dies sind meist die Koalitionen nationaler, westeuropäischer Staaten. Wenn aber die Überprüfung einer Theorie anhand von Daten geschieht, anhand derer sie auch entwickelt wurde, ist das methodisch wenig elegant und begünstigt Zirkelschlüsse. W. M. Downs (1998: 24f.) beklagt deshalb diesen Mangel an „frischen Daten" und schlägt vor, die Datenerhebung auf subnationale Regierungen auszuweiten.

Die Auswahl von föderal organisierten Staaten kann nicht nur das Universum der Fälle entscheidend erweitern, sondern bietet auch den Vorteil von mehr Fällen pro Staat, was zwar eine internationale Verallgemeinerung unzulässig, im Zweifel aber die Ergebnisse für den analysierten Staat aussagekräftiger macht. Außerdem liegen dank der Analyse von Debus (2008a) bereits Ergebnisse auf dieser Ebene vor, an die in theoretischer Hinsicht angeknüpft werden kann.

Daraus ergeben sich zwei Minimalanforderungen für die Fallauswahl. Ein Staat muss sowohl föderal organisiert sein, als auch regelmäßig

Koalitionsregierungen mit öffentlich publizierten Koalitionsverträgen hervorbringen. Allein diese Minimalanforderungen schränken die Fallauswahl stark ein. Es gibt zwar viele Staaten, in denen normalerweise Koalitionsverträgen geschlossen werden (Dänemark, Finnland, die Niederlande oder Schweden). Diese sind allerdings zentralistisch aufgebaut. Andere Staaten (wie zum Beispiel die Schweiz) sind föderal organisiert, hier ist allerdings das Beschließen von Koalitionsverträgen unüblich.

Es bleiben daher für die Fallauswahl nur Belgien, Deutschland, Italien, Österreich und Spanien. Von den fünf Kandidaten sind außerdem streng genommen zwei nicht föderal organisiert, sondern Zentralstaaten mit regionalisierenden Tendenzen. Dies sind Spanien und Italien, die ihren autonomen Regionen teilweise unterschiedlich breite Kompetenzen einräumen (Dieringer 2008). In Italien werden Koalitionsverträge außerdem nur gelegentlich und meist im Vorfeld der Wahlen geschlossen (Moury 2011: 390). Spanien weist die Besonderheit auf, dass zwar auf nationaler Ebene nur Einparteienregierungen, auf subnationaler Ebene aber auch Koalitionen und Koalitionsverträge vorkommen (vgl. Müller und Strom: 10).

Belgien ist verfassungsrechtlich eine „echte" Föderation, teilt mit Spanien und Italien aber den asymmetrischen Charakter (Dieringer 2008). Österreich und Deutschland sind im Gegensatz dazu symmetrisch föderal aufgebaut: Hier verfügen alle Gliedstaaten über dieselben Kompetenzen, sodass in den Bundesländern oft ähnliche Themen auf der politischen Agenda stehen.

Im asymmetrischen Föderalismus variieren dagegen relevante politische Themen von Region zu Region. Er fördert zudem ein inkongruentes Parteiensystem, also eines, das nach Regionen verschieden ist, während zugleich nicht alle Regionalparteien auf nationaler Ebene vertreten sind. In Belgien sind durch verschiedene Gemeinschaften, Sprachgruppen und Regionen eine Vielzahl von Parteien entstanden, die normalerweise Mehrparteienkoalitionen bilden. Das Parteiensystem ist, das ist an der großen Zahl der effektiven Parteien zu erkennen (2014: 7.83), hoch fragmentiert (vgl. Laakso und Taagepera 1997). Die Zahl der (effektiven) parlamentarischen Parteien ist wichtig, weil sie als „proxy for the complexity and uncertainty of the bargaining environment" angesehen werden kann (Müller und Strøm 2011: 190). In Spanien hat das Wahlsystem, das zugunsten der großen Parteien arbeitet, eine Fragmentierung des Parteiensystems bislang verhindert (Ehrke

2015). Hier beträgt die Zahl der effektiven Parteien nur nach den Parlamentswahlen 2001 nur 2.1.

In Deutschland und Österreich zeigt sich eine moderate Fragmentierung des Parteiensystems. Bei den vorletzten parlamentarischen Wahlen 2005 (Deutschland) und 2006 (Österreich) glich sich die effektive Parteienanzahl (3.7) bis auf die erste Nachkommastelle (Niedermayer 2008: 357). Erst mit den nationalen Wahlen 2013 – gegen Ende des Untersuchungszeitraums – entwickeln sich die beiden Staaten mit 4.5 (Österreich) und 2.8 (Deutschland) etwas auseinander.

Bei beiden Staaten handelt es sich jedenfalls um Systeme mit Zweiparteiendominanz (Niedermayer 2008: 362). Daher sind Koalitionen aus zwei Parteien die Norm, wenn auch auf Landesebene durchaus Drei-Parteien-Koalitionen vorkommen. Insgesamt ist die Koalitionsbildung aber weniger komplex und besser vorhersagbar als in Belgien. Auch ideologisch ähneln sich die Parteiensysteme von Deutschland und Österreich. Sie bestehen aus jeweils zwei größeren Parteien, einer bürgerlichen Volkspartei (CDU/CSU und ÖVP) und einer sozialdemokratischen Partei (SPD und SPÖ) sowie den mittlerweile drei kleineren Parteien, die sich jedoch abgesehen von den Grünen in beiden Ländern ideologisch stärker unterscheiden. Das macht diese ideologisch ähnlichen Systeme „spiegelverkehrt", mit einem deutschen Parteiensystem, das eher nach links, und einem österreichischen System, das eher nach rechts neigt (Linhart 2008). Folgt man Lipset und Rokkan (1967), weist eine ähnliche Struktur im Parteienwettbewerb auf das Vorhandensein ähnlicher Konfliktlinien (*cleavages*) hin.

Andererseits liegt der Unterschied „zwischen diesen – aus parteiensystemtheoretischer Perspektive betrachtet – most similar systems vor allem im Bereich der Koalitionsbildung" (Debus 2005: 420). Historisch ist dafür vor allem die unterschiedliche Ausrichtung der freiheitlichen Parteien verantwortlich. In Österreich dominiert der „deutschnationale" Flügel der FPÖ, was lange zum Ausschluss der Partei aus dem *coalition game* führte. Daher ist in Österreich die große Koalition seit 1945 am häufigsten anzutreffen. In Deutschland sorgte dagegen die liberale und koalitionsfähige FDP als pivotaler Akteur für alternierende Regierungen der beiden Volksparteien. Die großen Parteien in Österreich gelten dagegen heute als „anachronistisches Relikt" der Massenpartei (Merkel 2015: 18).

Die Parteiensysteme in beiden Staaten unterliegen weitreichenden Veränderungen. Die nachlassende Unterstützung für die großen Parteien seit den 1980er Jahren bedingt eine höhere Wählervolatilität und bricht auch in Österreich ihre „gesellschaftsbeherrschende Funktion" (Onken 2013: 302). Seit dem Aufkommen der Grünen (und in Deutschland der zunehmenden Etablierung der Linkspartei, in Österreich respektive mit zunehmenden Stimmgewinnen der FPÖ und der Etablierung kleinerer Parteien wie dem BZÖ, FRANK oder NEOS) neigen beide Systeme immer mehr zur Blockbildung (Debus 2005). Dadurch werden mehr Koalitionsoptionen möglich (Onken 2013: 354). Das gilt uniso für die Landesebene, auf der auch Koalitionen „ausprobiert" werden, die auf Bundesebene noch nicht denkbar sind.

Schließlich, und für diese Arbeit nicht ganz uninteressant, weisen die Parteien dieser Staaten (ebenso wie in Dänemark und Irland) eine hohe Koalitionsdisziplin auf (Müller und Strøm 2011: 177). Das Vorkommen von stabilen Koalitionen deutet auch darauf hin, dass Vereinbarungen aus Koalitionsverträgen eingehalten werden – was noch einmal die Relevanz von im Koalitionsvertrag beschlossenen Policies unterstreicht.

Obwohl auch einige Unterschiede ausgemacht werden können, ähneln sich insgesamt die Parteiensysteme von Deutschland und Österreich so, dass ihre Vergleichbarkeit im Hinblick auf die Untersuchungsfrage gegeben ist. Ihre Ähnlichkeit lässt außerdem die Erwartung zu, dass Policy Payoffs in beiden Staaten ähnlich, also anhand derselben Kriterien verteilt werden. Andere Staaten eignen sich aufgrund ihrer nationalen Besonderheiten weniger gut für einen Vergleich. Nachdem somit die Auswahl der Staaten festgelegt ist, diskutiert der nächste Abschnitt die Auswahl der zu betrachtenden Dimensionen bzw. Politikfelder.

4.2 Dimensionen und Politikfelder

Eine der meistgenutzten Quellen zur Erhebung von Parteipositionen ist die Expertenbefragung von Laver und Hunt aus dem Jahr 1992. Zehn Jahre später führten Benoit und Laver (2006; Erhebung aus dem Jahr 2002) die Studie fort und erweiterten ihren Radius auf 47 Demokratien weltweit. Die Besonderheit dieser Studie ist, dass sie sich nicht auf eine allgemeine rechts-links Position beschränkt, sondern diese entlang einer Vielzahl von Dimensionen erhebt.

Neben Parteipositionen wurde auch die Salienz der Dimensionen erhoben. *Tabelle 2* zeigt die vier wichtigsten Policy-Dimensionen für die ausgewählten Staaten Deutschland und Österreich. Abgefragt wurde die Relevanz der Dimensionen für einzelne Parteien. Um einen Gesamtwert für einen Staat zu ermitteln, wurden die parteispezifischen Werte durch die Stimmanteile so gewichtet, dass kleine Parteien keinen übermäßigen Einfluss auf den Gesamtwert haben. Dann wurde das Mittel aller Dimensionen berechnet. Die Zahlen in *Tabelle 2* zeigen den Anteil der jeweiligen Dimension an diesem Mittelwert. Das heißt, eine Zahl >1 zeigt eine verhältnismäßig wichtigere Dimension, eine Zahl <1 eine weniger wichtige Dimension an. (Benoit und Laver 2006: 106)

Tabelle 2: Relevanz von Policy-Dimensionen in Deutschland und Österreich

	Wirtschaft	Immigration	Gesellschaft	Umwelt
Österreich	1,13	1,1	1	0,99
Deutschland	1,25	1,1	1,06	1,01

(Quelle: Benoit und Laver 2006: 107)

In der Reihenfolge ihrer Relevanz für beide Staaten steht die ökonomische Dimension an erster Stelle vor Immigration, Gesellschaftspolitik und Umwelt. Nicht nur die Reihenfolge, sondern auch einzelne Werte der Dimensionen für beide Staaten ähneln sich stark, was eine gute Voraussetzung für einen Vergleich zwischen ihnen schafft. Mit Ausnahme der Umweltdimension in Österreich sind alle Bereiche als überdurchschnittlich wichtig einzustufen. Die Relevanz der Umwelt sinkt aber auch für Österreich nur marginal unter die zahlenmäßige Grenze. Von daher kann auch hier gesagt werden, dass Umweltpolitik ein durchschnittlich wichtiges Thema für die österreichische Politik darstellt.

Wenig überraschend haben ökonomische Themen in beiden Staaten mit Abstand die größte Bedeutung. Auffällig ist aber, dass Immigration – wenn auch knapp – vor der gesellschaftlichen Dimension auf dem zweiten Platz liegt. Dieser erstaunliche Befund findet sich nicht nur für Deutschland und Österreich, sondern für die meisten Staaten Westeuropas (Benoit und Laver 2006: 110). Er widerspricht der gängigen Praxis, nach der

Gesellschaftspolitik im zweidimensionalen räumlichen Modell neben der Ökonomie betrachtet wird.

Der geringe Abstand der Dimensionen zueinander spricht außerdem zunächst dagegen, dass der Parteienwettbewerb in Deutschland und Österreich entlang von nur zwei Dimensionen verläuft. Ein zweidimensionales räumliches Modell eignet sich für eine Analyse „in a system in which two dimensions of policy are salient" (Laver und Shepsle 1990: 874). Neben der Wirtschaft hat hier aber keine Dimension eine herausragende Stellung. Ob der Parteienwettbewerb als zwei- oder mehrdimensional dargestellt werden sollte, bleibt eine offene empirische Frage.

Wie kann sich dieser Frage zumindest genähert werden? Instruktiv ist zunächst die Definition der Dimensionen. Die Parteipositionen wurden durch eine Fragebatterie auf einer Skala von 1–20 erfasst (Benoit und Laver 2006: 168–173).

Economic: Promotes raising taxes to increase public services (1)
Promotes cutting public services to cut taxes (20)

Social policy: Favors liberal policies on matters such as abortion, homosexuality, and euthanasia (1)
Opposes liberal policies on matters such as abortion, homosexuality, and euthanasia (20)

Environment: Supports protection of the environment, even at the cost of economic growth (1)
Supports economic growth, even at the cost of damage to the environment (20)

Immigration: Favors policies designed to help asylum seekers and immigrants integrate into (country name) society (1)
Favors policies designed to help asylum seekers and immigrants return to their country of origin (20)

Die Dimensionen wurden also a-priori als gegeben und ausreichend unterschiedlich definiert. Trotzdem drängt sich die Frage auf, ob nicht Wirtschaft und Umwelt, sowie Gesellschaft und Immigration so stark miteinander korrelieren, dass sie gar nicht als eigenständige Dimensionen bezeichnet werden dürften.

Von Beyme (1984), der ja noch von einer eindimensionalen Rechts-Links Skala ausging, schreibt: „bei (…) Fragen, die weit stärker auf tägliches politisches Handeln gerichtet sind wie Sozialpolitik, Energiepolitik oder Umweltschutz, lassen sich die Forderungen nur mit einiger Willkür in ein Rechts-Links Schema pressen. Versucht man es gleichwohl, zeigen sich programmatische Verschiebungen der gleichen ideologischen Familie im internationalen Vergleich" (1984: 192).

Die Existenz solcher „Verschiebungen" zeigt aber, dass es sich nicht um einen ein- ‚sondern um einen mehrdimensionalen Wettbewerb handelt. Für Deutschland zeigen die Daten von Debus (2008a) in jedem Fall die Existenz eines mindestens zweidimensionalen Raums. Die FDP liegt als klassische liberale Partei ökonomisch rechts, aber gesellschaftlich links der CDU. Diese Verschiebung zeigt also, dass der Parteienwettbewerb mit nur einer zugrundeliegenden Dimension nicht adäquat erfasst werden könnte.

Insgesamt ist es das Ausmaß der Korrelation von Politikfeldern, das über die Dimensionalität des Parteienwettbewerbs entscheidet. Wenn in dieser Arbeit beispielsweise die Ergebnisse der Umweltpolitik denen der Wirtschaftspolitik bei Debus (2008a) und die Ergebnisse für Immigration denen der Gesellschaftspolitik entsprechen würden, dann könnte jedenfalls nicht von eigenständigen Dimensionen gesprochen werden.

Andererseits spricht vieles dafür, dass es sich bei den vorgeschlagenen Bereichen um ganz verschiedene Themenfelder handelt. Das zeigen zum Beispiel Studien, die von einer Komplexitätszunahme im Parteienwettbewerb ausgehen. Das heißt, die Anzahl der Politikfelder, die im Wahlkampf verhandelt werden, nimmt über die Zeit zu. (Green-Pedersen 2007)

Welche Polikfelder sollten aufgrund dieser Erkenntnisse für die Untersuchung ausgewählt werden? Für Österreich liegen bisher noch keine Erhebungen auf Landesebene vor. Um das deklarierte Ziel, die Ergänzung der Daten von Debus (2008a) und ihren Vergleich mit einem anderen Staat zu realisieren, ist es zunächst sinnvoll, die Dimensionen Wirtschaft und Gesellschaft für Österreich zu erheben. Darüber hinaus wäre es zwar wünschenswert, auch die anderen Politikfelder zu betrachten – allerdings kann dies aus praktisch-empirischen Gründen nicht geleistet werden.

Der Umfang der österreichischen Programme auf Landesebene reicht schlicht nicht aus, um die Politikfelder Umwelt und Immigration mit der hier gewählten Methode adäquat zu erheben. Für eine quantitative Textanalyse werden mehr Informationen über diese Politikfelder benötigt, als sie anhand der knappen Dokumente zur Verfügung stehen. Deshalb soll sich für Österreich auf die Analyse der Dimensionen Wirtschaft und Gesellschaft beschränkt werden, die analog zu Debus (2008a) anhand ganzer Wahlprogramme durchgeführt wird.

Für Deutschland bietet sich dagegen die Erhebung der Politikfelder Umwelt und Immigration an, mit denen eine Ergänzung der Daten von Debus (2008a) stattfindet. Es soll argumentiert werden, dass diese Erhebung trotz vermutlich vorliegender Korrelationen zwischen den Politikfeldern relevant und sinnvoll ist.

Zuerst ist das Ausmaß der Korrelation unbekannt – und wird nur im unwahrscheinlichsten Fall „1" betragen. Zweitens sind die Politikfelder, wie bereits erwähnt, durch Benoit und Laver (2006) a-priori unterschiedlich definiert. Diese Definitionen spiegeln sich in den Referenzwerten wieder, die hier verwendet werden, sodass ihre Unterschiedlichkeit in die Ergebnisse einfließt. Und drittens – und dies ist wahrscheinlich das wichtigste Argument – kommt es bei der Konstruktion der Dimensionalität auf das Forschungsinteresse an.

Die Frage ist also: Reicht es für ein gegebenes Forschungsinteresse aus, den Raum als eindimensional oder zweidimensional zu konstruieren - oder wird ein mehrdimensionaler Raum benötigt? Um die hier aufgeworfenen Fragen, insbesondere im Hinblick auf die Hyothesen *H1* (Die Verteilung der Policies im Koalitionsvertrag entspricht der Verteilung der Portfolios) und *H4* (Je mehr Bedeutung eine Partei einem Politikbereich zumisst, desto stärker kann sie ihre politischen Präferenzen in diesem Bereich umsetzten) zu überprüfen, werden möglichst viele Dimensionen benötigt. Eigentlich werden ebenso viele Dimensionen benötigt, wie es Portfolios zu verteilen gibt. Aus empirischen Gründen empfiehlt es sich daher, die Zahl der Dimensionen auf mehr als zwei zu erweitern. Das Fazit von Benoit und Laver (2006: 110) lautet entsprechend: „There is no 'one true' dimensionality for any given policy space".

Lediglich eine begriffliche Einschränkung soll gemacht werden, mit der das schwierige Thema Dimensionalität umschifft werden kann. Statt von (eigenständigen) Dimensionen kann nämlich schlicht von Politikfeldern gesprochen werden. Diese mögen sich zwar in bestimmten Kontexten zu Dimensionen verdichten – im alltäglichen Politikbetrieb, auf der Agenda von Ausschüssen, Tageszeitungen oder in Wahlprogrammen werden aber einzelne Politikfelder behandelt. Analog lassen sich diese auch als Themen/

Themenbereiche oder „issue categories" bezeichnen. Wichtig ist, dass die Empirie an dieser Stelle keine Ein- oder Zweidimensionalität vorgibt, sondern Debatten über eine ganze Reihe von Politikfeldern geführt werden.

So ist es denn auch in der Literatur üblich, von „Dimensionen" zu sprechen, auch wenn damit keine empirisch vorliegende Dimensionalität, sondern schlicht Politikfelder gemeint sind (z.b. Schermann und Ennser-Jedenastik 2008: 95).

Ein weiterer Einwand gegen die Betrachtung von Immigration und Umwelt könnte lauten, dass diese Dimensionen unterschiedlich gelagert sind. Immigration ist eine typische Positionskategorie; man kann entweder für oder gegen Immigration sein. In der Literatur wird – hauptsächlich analog zur Erhebung des CMP – argumentiert, dass Umwelt keine solche Positionskategorie ist. Da keine Partei ernsthaft eine Position *gegen* Umweltschutz beziehe, handle es sich hier um eine reine Salienzkategorie. Entscheidend sei hier nur, wie stark Umweltschutz im Gegensatz zu anderen Themen betont wird (z.B. Lowe et al. 2011: 137).

Zwei Argumente können gegen diesen Einwand ins Feld geführt werden. Erstens wird hier definitorisch davon ausgegangen, dass Umweltschutz nur auf Kosten des Wirtschaftswachstums erreicht werden kann. Das heißt, es handelt sich um ein Trade-Off zwischen zwei Zielen: Wachstum auch zulasten der Umwelt oder Umweltschutz auch zulasten des Wirtschaftswachstums. Wird das Politikfeld auf diese Weise definiert, handelt es sich um eine Positionskategorie mit zwei Endpunkten.

Das zweite Argument ergibt sich aus der Beschäftigung mit der hier verwendeten Datengrundlage, den Wahlprogrammen der Parteien. Aus ihrer Lektüre wird deutlich, dass Immigration meist um den Aspekt der Integration herum gerahmt wird. Das bedeutet, im Wahlprogramm wird nicht primär über ein Mehr oder Weniger an Zuwanderung diskutiert, sondern darüber, wie die Zugewanderten in die Aufnahmegesellschaft integriert werden können. Daher könnte man – jedenfalls für die deutschen Parteien – analog zur Umwelt behaupten: Keine Partei bezieht tatsächlich eine Position *gegen Integration* (wie auch immer diese im Einzelnen gestaltet werden soll).

Die Sachlage ist also komplizierter als eine schlichte Einordnung von Positionskategorie oder Nicht-Positionskategorie. Daher spricht auch aus dieser Perspektive nichts gegen die Betrachtung der Politikfelder Umwelt und Immigration.

4.3 Datenerhebung mit Wordscores

„Die Politikpräferenzen der Parteien sind nicht leicht quantifizierbar" (von Beyme 1984: 395) Das gilt heute ebenso wie 1984 und trotz der Weiterentwicklung der Methoden auf diesem Gebiet. Heute stehen mehrere quantitative Erhebungsverfahren in einem Wettbewerb um die Etablierung einer „best practice".

Eine Vielzahl der Methoden zur Erhebung von Parteipositionen ist wahrnehmungsbasiert. Das heißt, Wähler, Parteimitglieder oder ausgewählte Experten werden gebeten, die Parteipositionen auf einer rechts-links Skala zu verorten. Solche Methoden zeigen ihre Vorteile vor allem dann, wenn angenommen wird, dass die Wahrnehmung selbst einen Einfluss auf die zu erklärenden Variablen nimmt. Die Wahrnehmung von größeren oder kleineren Abständen könnte zum Beispiel Wahlentscheidungen erklären; oder die Bereitschaft einer Partei, eine Koalition einzugehen.

Die Wahrnehmung – und das impliziert schon das Wort selbst – muss aber nicht dem tatsächlichen inhaltlichen Abstand entsprechen. An der Messung durch Wähler wird kritisiert, dass diese kaum in der Lage seien, die reale Position der Parteien zu erfassen. Vielmehr würden sie die Partei ihrer Wahl neben ihrer eigenen Präferenz verorten (Benoit und Laver 2006). Solche Unzulänglichkeiten treffen aber keineswegs nur den gemeinen Wähler. Benoit und Laver (2006) weisen darauf hin, dass Experten jenen Parteien, die in einer Koalition zusammenarbeiteten, einen geringeren Abstand zuwiesen als vor der Zusammenarbeit, obwohl sich die Forderungen der Parteien formal nicht geändert hatten.

Verfahren, die am weitesten von solchen wahrnehmungsbasierten Erhebungen abrücken, sind automatische quantitative Textanalysen, wie z.B. Wordscores (Laver, Benoit und Garry 2003). Die Idee dieses Verfahrens ist, dass Parteipositionen über die Wortwahl politischer Texte (z.B. Wahlprogramme oder Reden) ermittelt werden können. Da Wörter eine bestimmte ideologische Konnotation haben, werden sie von Parteien unterschiedlich gebraucht. So wird eine liberale Partei wahrscheinlich mit den Worten „freie Marktwirtschaft" für sich werben, während bei einer ökologischen Partei vermutlich der „Umweltschutz" hoch im Kurs steht.

Um die Position eines unbekannten Textes („virgin text") zu ermitteln, wird zunächst ein Text gebraucht, dessen Position bereits bekannt ist.

Diesem sogenannten Referenztext wird eine Position auf einer links-rechts Skala von 1–20 zugeschrieben, die durch eine andere Methode gewonnen wurde. Konventionell wird hierbei auf Expertenbefragungen zurückgegriffen. Mithilfe der relativen Worthäufigkeiten wird zu jedem Wort ein „wordscore" berechnet.

Laver, Benoit und Gary (2003) verdeutlichen ihr Vorgehen am Beispiel der britischen Unterhauswahlen von 1992 und 1997. Hier wird für das Wort „drugs" ein Wert von 15.66 berechnet. Damit werden „drugs" zu einem konservativen Signalwort. Im Rückschluss kann gesagt werden, dass es besonders häufig von den Konservativen verwendet wurde, da ihr Wahlprogramm mit einem Referenzwert von 17.21 am nächsten an diesem Wert liegt. Umgekehrt kann das Wort „contributions" mit einem Wert von 6.68 als eher linkes Signalwort verstanden werden.

Die Position eines unbekannten Textes wird dann anhand der Wordscores und der relativen Worthäufigkeiten berechnet. Der Gebrauch des Wortes „drugs" in einem unbekannten Text erhöht die Wahrscheinlichkeit, dass es sich um ein konservatives Wahlprogramm handelt, der Gebrauch des Wortes „contributions" erhöht die Wahrscheinlichkeit, dass es sich um ein liberales oder Labour-Wahlprogramm handelt. Je mehr sich also die Sprache der beiden (oder mehrerer) Texte unterscheidet, desto weiter entfernt voneinander liegen sie auf der Skala.

Auf diese Weise können nicht nur Parteipositionen innerhalb eines Wahljahres, sondern besonders auch Veränderungen über Zeit gemessen werden. Tatsächlich werden in Wahlprogrammen häufig Ideen ihrer Vorgänger „recycelt" (Dolezal et al. 2012: 870). Dies lässt sich ganz konkret beobachten, wenn sich Kapitelüberschriften zweier Programme aus aufeinanderfolgenden Wahlen gleichen. Dies zeigt, dass nicht nur Ideen, sondern auch deren sprachliche Formulierung von einem Wahlprogramm ins nächste übernommen werden. Wordscores erfasst diese sprachliche Ähnlichkeit bei „recycelten" Ideen, aber auch sprachliche Unähnlichkeit, wenn sich Ideen und Sprachgebung ändern.

Dieser Ansatz bringt erstaunliche Vorteile, jedoch auch methodische Probleme mit sich. Zurecht weisen Ennser-Jedenastik und Schermann (2008: 83) darauf hin, dass automatische Verfahren den Grad der Abstraktion einer Aussage nicht erkennen. Eine unspezifische politische Phrase wird ebenso in die Berechnung einbezogen wie ein konkretes Vorhaben; letzteres wird aber wahrscheinlich einen größeren Stellenwert bei Koalitionsverhandlungen einnehmen.

Außerdem besteht das Wahlprogramm natürlich nicht nur aus ideologischen Schlagwörtern, sondern auch aus neutralen Wörtern, die in jedem Text etwa gleich häufig verwendet werden. Dazu zählen beispielsweise die Artikel oder Konjunktionen wie „und" und „oder". Diese oft und neutral verwendeten Wörter bekommen dann einen mittleren Wert zugeordnet, was insgesamt dazu führt, dass die unbekannten Texte sich näher um die Mitte der politischen Skala gruppieren. Sie sind dann zwar immer noch in Relation miteinander vergleichbar, befinden sich aber im Vergleich zu den Referenztexten auf einer anderen, kleineren Skala.

Daher schlagen Laver, Benoit und Gary (2003: 116f.) eine Transformation der errechneten Werte vor. Hier sind allerdings mehrere mathematische Lösungen denkbar (siehe Lowe 2008; Martin und Vanberg 2007) Die Kritik am Algorithmus von Wordscores führte auch zur Entwicklung von „Wordfish", das ebenfalls „Wörter zählt", dabei allerdings ohne die Verwendung von Referenzdokumenten auskommt (Slapin und Proksch 2008). Wordfish verspricht zwar mehr Unabhängigkeit bei der Wahl des Untersuchungszeitraums, weil nicht auf vorhandene Referenzwerte zurückgegriffen werden muss, es bleibt aber ungeklärt, ob damit auch eine höhere Validität der Messung einhergeht.

Trotzdem bleibt aus der Kritik der Wordfish-Befürworter eine gewisse Skepsis gegenüber der Wordscores-Messung, besonders von Positionen am ideologischen Rand. Diese sollen schlechter erfasst werden können als näher am Zentrum gelegene Positionen (Ruedin 2013; Lowe et al. 2011).

Automatische Inhaltsanalysen müssen sich aber weniger gegeneinander als gegenüber anderen Erhebungsmethoden behaupten. Neben der Expertenbefragung ist ihr Hauptkonkurrent die manuelle Kodierung, wie sie vor allem im Comparative Manifestos Project (CMP) Verwendung findet.

Neben diversen empirischen Vorteilen der automatischen Kodierung würde sich eine Nutzung der CMP-Daten für diese Arbeit auch aus theoretischen Gründen nicht anbieten. Das CMP erfasst Parteipositionen auf Basis der Salienztheorie, nämlich aufgrund der Anzahl der „Quasi-Sätze", die einem bestimmten Thema gewidmet sind. Neben reinen Salienz-Kategorien werden bestimmte Themen aber auch als positionale Kategorien erfasst, das heißt faktisch findet eine Mischung von räumlicher Koalitionstheorie und Salienztheorie statt (Budge 2010: 78f.). Für viele Auswertungen mag dieses Vorgehen unproblematisch sein. Wenn, wie in dieser Arbeit, Salienz als Erklärungsfaktor herangezogen werden soll (*H4*), erscheint eine solche Erhebung allerdings ungeeignet.

Ein wesentlicher Vorteil automatischer Verfahren ist, dass sie mit viel weniger Arbeits- und Kostenaufwand verbunden sind als andere Verfahren. Wenn die geeigneten Dokumente vorliegen, kann die Wordscores Software die Positionen von Texten innerhalb weniger Sekunden berechnen. Damit können auch große Datenmengen erhoben werden, ohne eine große Anzahl von Kodierern beschäftigen zu müssen. Für diese Arbeit eignet sich das Verfahren daher besonders, da bei einer manuellen Kodierung der methodische Fehler nur durch Intercoder-Reliabilität beim Vorhandensein mehrerer Kodierer sichtbar wird. Im statistischen Verfahren berechnet die Software dagegen automatisch das Konfidenzintervall.

Ein weiterer Vorteil vor allem gegenüber der manuellen Kodierung ist, dass beim Wordscores-Verfahren keine (potenziell subjektive) Interpretation von Formulierungen nötig ist. Da „Wörter als Daten" behandelt werden, gehen die Autoren sogar so weit zu sagen, der Forscher brauche den Text nicht einmal zu lesen, oder überhaupt nur die verwendete Sprache zu verstehen, um ihn analysieren zu können. Die Methode ist also höchst reliabel, eine Replikation ist leicht möglich. Dagegen wird ihre Validität immer wieder in Frage gestellt (z.B. Ruedin 2013, Krouwer und Elfrinkhof 2013).

Das Vailiditätsproblem beginnt bei der Tatsache, dass Wordscores recht sensibel auf Veränderungen in den Daten reagiert. Laver, Benoit und Gary (2003) empfehlen daher, die Referenztexte sehr genau auszuwählen. Erstens sollten genügend Referenztexte vorhanden sein, und zweitens sollten diese auch möglichst viele Informationen enthalten, also nicht zu kurz sein. Je mehr Daten die Software zur Verfügung hat, desto genauere Ergebnisse kann sie produzieren (Ruedin 2013: 99). Das wichtigste Auswahlkriterium für die Referenztexte bleibt aber das Vorhandensein eines Referenzwertes, erhoben durch eine Expertenbefragung im selben Jahr.

Allein dieses Kriterium schränkt die Auswahl der Referenztexte erheblich ein. Für diese Arbeit wird auf die Expertenbefragung von Benoit und Laver (2006) zurückgegriffen, die Wahlprogramme der Bundestagswahl von 2002 werden als Referenztexte genutzt. Das ist keine ideale Vorgehensweise, da sich Wahlprogramme von Bundesebene und Landesebene aufgrund verschiedener Gesetzgebungskompetenzen unterscheiden (Schmitt 2008: 1). Fehlende Expertenbefragungen auf Landesebene lassen allerdings kein anderes Vorgehen zu. Ein Vorteil der ausgewählten Referenztexte der Bundesebene ist dagegen, dass ihr Umfang größer ist als üblicherweise bei Wahlen auf Landesebene.

Neben der Auswahl der Referenztexte kann auch die Zeitspanne (die Autoren empfehlen keinen zu großen Zeitraum, da sich die Verwendung und politische Konnotation von Wörtern im Zeitverlauf ändern kann), sowie die Auswahl der unbekannten Texte die Ergebnisse verändern. Wird eine Wahl zusätzlich analysiert, ändern sich auch die Werte für die bis dahin betrachteten Wahlen. Für die Analyse relativ vieler Wahlen auf Landesebene bedeutet das konkret, dass Wordscores unterschiedliche Ergebnisse produziert, je nachdem ob alle Texte in einem Analyseschritt ausgewertet werden oder jedes Wahljahr separat betrachtet wird. Allerdings empfiehlt sich die Auswertung aller Programme in einem einzigen Analyseschritt, da mehr Informationen im statistischen Sinn bessere Ergebnisse produzieren. Außerdem gilt: Je mehr Wahlen insgesamt betrachtet werden, desto weniger verändert eine zusätzliche Wahl die Werte, desto stabiler also die Ergebnisse. Auf diese Weise sind alle Dokumente in der Analyse direkt miteinander vergleichbar. Trotzdem sollten diese methodischen Probleme bei der Datenerhebung und der ihrer Interpretation stets im Blick behalten werden, denn so übt die Wahl des Untersuchungszeitraums einen großen Einfluss auf die Ergebnisse aus.

Die Verfechter des Verfahrens zeigen aber durchaus, dass Wordscores überzeugende Ergebnisse produziert. Benoit und Laver (2002) verdeutlichen die Plausibilität ihrer Ergebnisse, indem sie die Inhalte der analysierten irischen Wahlprogramme noch einmal qualitativ überprüfen. Laver, Benoit und Gary (2003) und Ruedin (2013) versuchen dann einen systematischen Vergleich verschiedener Methoden. Dabei gilt die Expertenbefragung als die beste Methode, mit der sich die anderen (oft retrospektiven) Verfahren messen müssen. Die Ergebnisse sind in *Tabelle 3* aufgeführt.

Tabelle 3: Vergleich von Methoden zur Bestimmung von Parteipositionen

	Laver/Benoit/Gary (2003): Differenz zur Expertenbefragung	Ruedin (2013): Pearson (Spearman)Korrelation zur Expertenbefragung
Wordscores	0,13	0,81 (0,85)
Manuelle Kodierung	0,17	0,90 (0,86)
Wörterbuch	0,13	0,21 (0,21)
Rückwirkende Expertenbefragung		0,94 (0,85)
Check-Liste		0,90 (0,86)
Medienanalyse		0,67 (0,72)

(Quelle: Laver, Benoit und Gary 2013: 320; Ruedin 2013: 97)

Tabelle 3 zeigt, dass Wordsores im Vergleich zur manuellen Kodierung nur wenig schlechter abschneidet. Beachtet man Zeit- und Kostenaufwand der manuellen Kodierung, ist das eher ein Punktsieg für Wordscores. Im Vergleich zum Wörterbuch schneidet Wordscores gleich, bzw. bei Ruedin (2013) wesentlich besser ab. Das zeigt insgesamt, das Wordscores eine gute Alternative aufwändigeren manuellen Verfahren sein kann.

Trotz dieser Ergebnisse bleibt Ruedin (2013) skeptisch gegenüber dem Wordscores-Verfahren. Misst es tatsächlich das, was gemessen werden soll? Seine Erfinder proklamieren, dass nicht nur eine einfache rechts-links Position ermittelt werden kann, sondern dass Positionen auf unterschiedlichen Dimensionen erfasst werden können. Benoit und Laver schreiben: „it is very easy to extend the set of estimated policy positions to **any policy dimension** for which independent estimates are available of the policy positions of the reference texts" (2002: 5; eigene Hervorh.). Wenn die Autoren Recht haben, eröffnet dies tatsächlich weitreichende Möglichkeiten.

Neben der ökonomischen Dimension ist die gesellschaftliche Dimension (konservative versus progressive Einstellungen) die am meisten Erhobene. Hier scheint Wordscores tatsächlich sinnvolle Ergebnisse zu produzieren. Sichtbar wird das z.B. am Fall des deutschen Parteiensystems. Wordscores verortet die FDP gesellschaftlich links, aber ökonomisch rechts der Union (Debus 2008a), was auch der allgemein anerkannten Position dieser Parteien entspricht. Offen bleibt aber, ob tatsächlich *jede* mögliche

Dimension adäquat erfasst werden kann. Ruedin (2013) befasst sich mit der Immigration, einer sehr selten mit Wordscores erfassten Dimension. Er hat vor allem Bedenken gegenüber den Wordscores dieser Dimension, weil viele Wahlprogramme das Thema gar nicht explizit adressieren. Das textblinde Verfahren errechnet in diesem Fall trotzdem einen Wert. Ruedin versucht das Problem zu lösen, indem er statt ganzer Wahlprogramme nur Textabschnitte analysiert, die sich mit Immigration befassen. Diese Idee findet eigentlich beim Wordfish-Verfahren ihre Anwendung (Slapin und Proksch 2008).

Sie hat den Nachteil, dass ein kürzerer Text und damit weniger Wörter zur statistischen Auswertung zur Verfügung stehen. Außerdem geht damit ein entscheidender Vorteil des Verfahrens verloren: Der Forscher muss nun selbst den gültigen Textabschnitt identifizieren, was nicht nur eine Kenntnis der verwendeten Sprache, sondern ggf. auch eine eigene Kategorisierung erfordert. Das heißt, es muss festgelegt werden, welche Themenbereiche als Teil der Dimension verstanden werden sollen. Neben der Aufnahme von Flüchtlingen könnte z.B. eine Partei im selben Abschnitt auch allgemeine Fragen von Diversität oder Religion behandeln, während diese Themen im Wahlprogramm der nächsten Partei in verschiedenen Abschnitten auftauchen.

Diese Nachteile gelten aber auch für Analysen mit Wordfish – es gibt also keinen besonderen Grund, diese Idee nicht auch auf die Anwendung von Wordscores zu übertragen. In dieser Arbeit interessiert vor allem die Varianz von Parteipositionen über verschiedene Politikfelder, weshalb sich die Analyse einzelner Abschnitte anbietet. Dabei wird die gesamte Datenbasis statt nur der Referenzwerte (wie sonst bei Analysen mit Wordscores üblich) variiert. Unterschiede der Parteien bezüglich einzelner Politikfelder sollten sich so besser aufdecken lassen. Trotz der Nachteile ist das Verfahren in Anlehnung an Ruedin das adäquatere bei Politikfeldern, denen im Wahlprogramm weniger Platz eingeräumt wird. So wird verhindert, dass auf Daten (Wörter) zurückgegriffen wird, die mit dem Politikfeld selbst nichts zu tun haben. Deshalb werden für die Politikfelder Umwelt und Immigration bei deutschen Landtagswahlen Textabschnitte statt ganzer Texte herangezogen.

Für Österreich wird, wie bereits erwähnt, ein anderer Weg gewählt. Durch den zu geringen Umfang der Wahlprogramme ist eine quantitative Analyse von Abschnitten nicht vertretbar. Die originäre Idee von Laver,

Benoit und Gary (2003) eignet sich hier für die Erfassung der Dimensionen Wirtschaft- und Gesellschaftspolitik durch ganze Texte.

Vor der eigentlichen Datenerhebung soll für Deutschland ein Pretest durchgeführt werden. Dieser soll noch einmal die allgemeine Plausibilität der Wordscores-Ergebnisse prüfen. Vor allem aber sollen Differenzen in der Vorgehensweise – Textabschnitt oder ganzer Text – beleuchtet werden.

4.4 Pretest

Um beurteilen zu können, wie sich die Auswahl von ganzen Wahlprogrammen oder Textabschnitten auf die Ergebnisse auswirkt, werden die deutschen Bundestagswahlen von 2005, 2009 und 2013 analysiert. Diese Auswahl hat den Vorteil, dass die Ergebnisse mit den Daten des Chapel Hill Expert Survey CHES (Bakker et al. 2015a; 2015b) verglichen werden können. Hier wurden seit 2006 (nicht EU-spezifische) Parteipositionen zu Immigration und seit 2008 zu Umweltpolitik erhoben. Als Referenztexte dienen, wie in der gesamten Analyse, die Wahlprogramme aus dem Jahr 2002.

Die Analyse wird einmal unter Einbeziehung des gesamten Wahlprogramms wie von Laver, Benoit und Gary (2003) vorgesehen, und einmal dem Vorschlag von Ruedin (2013) entsprechend nur mit einem Textabschnitt durchgeführt. Dabei ist ein Unterschied zwischen den hier ausgewählten Dimensionen zu erwarten. Immigration ist als Thema deutlich klarer abgegrenzt als Umwelt. Man könnte deshalb kürzere Abschnitte erwarten, die von den Parteien ähnlich gerahmt werden. Es scheint außerdem unwahrscheinlich, dass Aspekte von Immigration außerhalb des dafür vorgesehenen Abschnitts behandelt werden. Deshalb kann mit Ruedin (2013) vermutet werden, dass Textabschnitte die Parteipositionen bezüglich Immigration besser abbilden als ganze Wahlprogramme. Anders gestaltet sich das Bild in Hinsicht auf die Umweltpolitik. Dieses Thema ist in Deutschland sehr präsent, weshalb die Wahrscheinlichkeit hoch ist, dass es nicht nur in einem Abschnitt abgehandelt wird, sondern Verweise auf Ökologie in vielen Abschnitten und in Bezug auf verschiedene Themen auftauchen. Daher muss im Vorfeld des Pretests festgelegt werden, wie mit unterschiedlicher Rahmung („Framing") umgegangen werden soll.

Das Konzept verschiedener Frames stammt aus der Diskursanalyse. Ein Frame ist nach Goffman (2008) die eigene Interpretation einer sozialen

Situation. Die Möglichkeit variierender Interpretationen zwischen Akteuren verdeutlicht Goffman an dem einfachen Beispiel eines Golfspiels. So wird der Golflehrer die Situation aller Voraussicht nach als Arbeit interpretieren, der Spieler hingegen als Freizeit. (Goffman 2008) Auch Politikfelder können unterschiedlich gerahmt werden. Das kann problematisch werden, wenn die Positionen von Parteien bezüglich dieser Politikfelder verglichen werden sollen – die Parteien aber eigentlich von unterschiedlichen Sachverhalten sprechen. Denn durch unterschiedliche Rahmung ändert sich auch ihre Wortgebung.

Die Festlegung der Rahmung erfolgt hauptsächlich aufgrund einer stichprobenartigen Sichtung der Parteidokumente, um möglichst nah an der eigenen Rahmung der Parteien zu bleiben. Es wurde bereits erwähnt, dass im Diskurs deutscher Parteien das Thema Immigration hauptsächlich als Integration (vor allem von Nicht-EU-Bürgern) gerahmt wird. Die Rahmung von Immigration als Integration über Parteigrenzen hinweg ist hier vorteilhaft. In einigen Bundesländern sind aber auch Spätaussiedler, in Schleswig-Holstein vor allem die dänische Minderheit, Teil des Diskurses. Viele Parteien verweisen neben der Integration außerdem auf den Kampf gegen Rechtsextremismus.

Es sind zwei Strategien denkbar, um unterschiedlichem Framing zu begegnen. Bei einer exklusiven Strategie würden nur solche Themen in die Analyse einbezogen werden, die in allen Texten gleichermaßen behandelt werden. Damit würde der Grundkonsens über das Framing der Debatte aufgegriffen und analysiert werden. Der Vorteil dieser Strategie ist, dass tatsächlich in allen Texten über die selben Sachverhalte gesprochen wird, was eine bessere Vergleichbarkeit gewährleistet. Bei Immigration wäre dieser Grundkonsens die Integration, die anderen Themen müssten also – auch wenn sie z.B. in einem Wahlprogramm Teil desselben Textabschnitts sind – aus der Analyse ausgeschlossen werden. Dies hat den Nachteil, dass weniger Wörter zur Analyse zur Verfügung stehen; und einige Wahlen aufgrund der kurzen Abschnitte vielleicht ganz ausgeschlossen werden müssten.

Da das Thema Immigration in einigen Programmen recht kurz abgehandelt wird, soll hier auf die zweite Möglichkeit, eine inklusive Strategie, zurückgegriffen werden. Hierbei werden so viele Themen wie möglich in das Framing einbezogen. Dies gewährleistet längere Textabschnitte. Allerdings wird auch hier das „eigene Framing" der Parteien teilweise umgangen. Bei der inklusiven Strategie werden auch dann Themen wie Rechtsextremismus in die Analyse einbezogen, wenn eine Partei diese nicht explizit als Teil des Immigrationsdiskurses rahmt. Einzelne Textabschnitte, die sich teilweise an anderen Stellen im Wahlprogramm finden, werden während der Formatierungsarbeit „zusammen geschoben".

Auf diese Weise ergibt sich eine relativ gleiche Rahmung des Themenbereichs über die Parteidokumente hinweg. Wenn allerdings ein Wahlprogramm keinen Abschnitt über Rechtsextremismus enthält, entfällt dieser Teil notwendigerweise auch in der Analyse – und das betroffene Programm unterscheidet sich in seiner Wortgebung stärker von anderen Programmen. Wie gesagt ist diese Strategie aber für die Immigration relativ unproblematisch, da das Politfeld hauptsächlich über Integration gerahmt wird.

Anders sieht es im Bereich Umweltpolitik aus. Dieses Thema wird – obwohl die Relevanzmessung von Benoit und Laver (2006) noch etwas anderes behauptet – wesentlich ausführlicher in deutschen Wahlprogrammen behandelt als die Immigration. Dies ist zunächst vorteilhaft, weil mehr Wörter für die Analyse zur Verfügung stehen und die Messung dadurch präziser wird. Die Schattenseite eines so breiten Themas ist seine Rahmung durch die Parteien. Denn im Gegensatz zu Immigration wird die Umweltpolitik oft nicht in einem einzigen Abschnitt abgehandelt, sondern findet Eingang in verschiedene Themenbereiche. Gerade die Wahlprogramme der Grünen, die dazu tendieren, viele Themen mit Umweltfragen zu verbinden, sind illustrativ für dieses methodische Problem. Aber auch andere Parteien verknüpfen Umweltpolitik durchaus stark mit anderen Themen; so zum Beispiel das Programm der Berliner SPD von 2011, in dem Wirtschaft und Umwelt keinen eigenen Abschnitt erhalten, sondern zusammen als „nachhaltige Entwicklung" gerahmt werden.

Auch hier stellt sich wieder die Frage, ob die Rahmung so erfolgen soll, dass nur Themenbereiche ausgewählt werden, die auch in allen Texten verarbeitet werden (exklusive Strategie) oder so, dass möglichst viele Themenbereiche abgedeckt werden (inklusive Strategie). Aus den o.g. Gründen soll auch hier auf letzteres zurückgegriffen werden.

So ergibt sich schlussendlich eine relativ lange Liste von Themen, die als Politikfeld Umwelt gerahmt werden: Energie, Klima, Umweltschutz,

Tierschutz, Forst- und Landwirtschaft, ländlicher Raum und Verbraucherschutz[1].

Einige Themenbereiche wurden allerdings auch ausgeschlossen, weil sie nicht häufig genug als Umwelt gerahmt werden bzw. eher mit anderen Politikfeldern assoziiert werden. Dazu zählen die Themen Verkehr und Tourismus, die oft als Wirtschaftspolitik, und Gesundheit und Wohnen, die oft (stärker) als Sozialpolitik gerahmt werden.

Nachdem die methodischen Vorbereitungen auf diese Weise abgeschlossen sind, kann der Pretest für Deutschland durchgeführt werden. *Tabelle 4* zeigt die Ergebnisse. Da die CHES Befragung auf einer Skala von 1 bis 10 erfasst wurden, wurden die Zahlen hier zur besseren Vergleichbarkeit reskaliert.

Tabelle 4: Positionen deutscher Parteien 2005, 2009 und 2013

Dokument/ Jahr	Immigration			Umwelt		
	Ganzer Text	Ausschnitt	CHES	Ganzer Text	Ausschnitt	CHES
SPD 2005	12,59	8,17	10,86	16,12	14,58	
SPD 2009	8,51	8,92	9,7	11,33	10,16	10,4
SPD 2013	6,37	4,31	7,82	8,79	7,9	8,54
Union 2005	14,3	16,67	15,42	16,99	16,49	
Union 2009	12,09	4,71	13,32	14,09	12,18	12
Union 2013	10,39	4,59	11,46	11,93	10,63	10,72
Grüne 2005	3,3	4,51	3,72	4,07	6,49	
Grüne 2009	3,24	2,52	3,4	4,91	5	4,66
Grüne 2013	1,52	0,69	4,18	2,08	4,39	2,9
Linke 2005	6,39	6,6	6,34	12	4,35	
Linke 2009	-1,17	-1,9	6,14	1,81	-4,71	8,46
Linke 2013	0,59	0,77	8	3,6	4,21	9,56
FDP 2005	8,69	9,48	9,42	15,17	13,28	
FDP 2009	7,33	6,99	8,26	13,76	7,67	13,86
FDP 2013	7,06	6,68	7,2	9,93	7,91	13,82

(Quelle: Chapel Hill expert survey; eigene Berechnung)

---

1 Verbraucherschutz wird jedoch ausgeschlossen, wenn das Thema explizit als Datenschutz gerahmt ist.

Insgesamt ist das Ergebnis durchaus zufriedenstellend. Sowohl die Wordscores-Ergebnisse unter Verwendung ganzer Texte, als auch die unter Verwendung von Textabschnitten korrelieren sehr signifikant mit den CHES-Daten. Die ganzen Texte (Korrelation von 0.82**) schneiden besonders gut ab. Die Textabschnitte erzielen ein etwas bescheideneres Ergebnis (Korrelation von 0.58**).

Es lohnt aber ein Blick ins Detail: Während auch die Textabschnitte in den meisten Fällen das CHES-Ergebnis ziemlich genau abbilden, gibt es einige auffällige Ausreißer. Diese wurden zur Kennzeichnung in *Tabelle 4* markiert. Es sind vor allem die Programme der Linkspartei, die Wordscores viel weiter links einstuft als die Experten von Chapel Hill. Daneben fällt der Unterschied zwischen CHES, ganzem Text und Textabschnitt bei den Unionsprogrammen von 2009 und 2013 auf; hier wird die CDU/CSU durch den Textabschnitt deutlich linker positioniert.

Es kann nur vermutet werden, wo diese Abweichungen ihre Ursache haben. Die entscheidende Frage ist, ob ein Messfehler in dem Sinne vorliegt, dass Wordscores die Positionen nicht „richtig" erfasst, also z.B. die Länge der Textabschnitte nicht ausreichend ist. Eine wohlwollendere Interpretation wäre dagegen, dass die Wahlprogramme tatsächlich eine linkere Sprache verwenden und die Messung als „kommunizierte Präferenz" daher angemessen ist.

Wordscores beruht ganz und gar auf der Messung von kommunizierten Präferenzen. Im Gegensatz dazu können Experten auch „reale Politik", also die Implementierung von Policies, in ihre Urteile eingehen lassen. Das kann den Unterschied zwischen Wordscores und Expertenbefragungen im Allgemeinen erklären.

Warum aber sollten ganze Wahlprogramme bessere – den Expertenurteilen ähnlichere – politikfeldspezifische Ergebnisse erzielen, wenn Textabschnitte doch die relevanten Informationen enthalten? Die Antwort liegt in der Korrelation politikfeldspezifischer Positionen mit „allgemeinen" rechts-links Positionen. Denn obwohl bei Wordscores Dimensionen anhand von unterschiedlichen Referenzwerten definiert werden, korrelieren diese Dimensionen (und Referenzwerte) miteinander. Ruedin kommt daher zu dem Schluss, dass bei Nutzung ganzer Wahlprogramme kaum festgestellt werden kann, ob Wordscores wirklich Positionen zu einem Politikfeld; oder aber nur allgemeine rechts-links Positionen erhebt (Ruedin 2013: 101).

Experten, so kann argumentiert werden, lassen in ihre Urteile ebenfalls die Kenntnis von allgemeinen rechts-links Positionen einfließen. Sie tendieren also dazu, Parteipositionen eines Politikfelds auch an anderen Politikfeldern festzumachen. Weil ganze Texte allgemeine rechts-links Positionen leichter erfassen als Textabschnitte, weisen sie eine größere Nähe zu Expertenurteilen auf. Diese Messung muss aber nicht zwingend „richtiger" sein, weil die Position einer Partei auf einem bestimmten Politikfeld sich durchaus von ihrer allgemeinen rechts-links Position unterschieden kann. Die Verwendung von Textabschnitten trägt diesem Umstand Rechnung, sie rechnet „allgemeine" Positionen aus der Messung heraus und erfasst nur die Position eines einzigen Politikfeldes. Das heißt, eine politikfeldspezifische Erhebung durch Textabschnitte könnte Parteipositionen letztlich adäquater erfassen als ganze Texte.

Diese Überlegungen, sowie die signifikante Korrelation von Wordscores durch Textabschnitte und anderen, etablierten Erhebungsmethoden veranlasst zu dem Schluss, dass die Verwendung von Textabschnitten methodisch angemessen ist.

5. Datenzugang und -aufbereitung

Der Zugang zu den Texten deutscher Landtagswahlen erfolgte vor allem über die Datenbank *polidoc.net* (Benoit, Bräuniger und Debus 2009). Dort sind alle Texte bis 2011 bereits in aufbereiteter Form (unformatiertes Textdokument, UTF-8 Kodierung) vorhanden. Allerdings scheint es hier Fehler beim Entfernen der Zeilenumbrüche gegeben zu haben, da auffällig oft Leerzeichen zwischen zwei Wörtern fehlen. Dies ist problematisch, da Wordscores zwei ohne Leerzeichen verbundene Wörter als ein einziges Wort identifiziert. Die relevanten Textabschnitte wurden deshalb auf diese Fehlerquelle hin kontrolliert und verbessert. Für Deutschland waren auch die nicht in der Datenbank von *polidoc.net* vorhandenen Texte aller Landtagswahlen für die Jahre 2012 bis 2014 online leicht zugänglich.

Problematisch war dagegen der Zugang zu den Texten der österreichischen Wahlen. Hier waren nur wenige Texte, meist jüngeren Datums, online verfügbar. Die Dokumente wurden deshalb direkt bei den Landesorganisationen der Parteien angefragt. Die Rücklaufquote war hoch, lag allerdings nicht bei 100 Prozent. Erschwerend kam hinzu, dass auch bei den Landesorganisationen ältere Dokumente teilweise nur in gedruckter Form vorlagen. Einige davon konnten postalisch zugestellt und mithilfe eines Texterkennungsprogramms in elektronische Form überführt werden.

Dennoch müssen einige Wahlen aus der Analyse ausgeschlossen werden. Österreichische Wahlen trifft dies aufgrund fehlender Dokumente häufiger. Andere Gründe für den Ausschluss einer Wahl sind das Vorhandensein einer Alleinregierung oder das Fehlen eines Politikfeldes im Dokument (Immigration ist hiervon häufiger betroffen als Umwelt). Die *Tabellen II* und *III* im Anhang zeigen eine Übersicht über die ausgeschlossen Wahlen und benennen die jeweiligen Gründe für die Entscheidung. Insgesamt konnten 34 deutsche, aber nur zwölf österreichische Wahlen analysiert werden.

Nicht nur der Zugang zu den Dokumenten, sondern auch deren Gestaltung durch die Parteien in Österreich erweist sich für die Analyse mit Wordscores auf den ersten Blick als problematischer. Die Programme österreichischer Parteien sind im Vergleich kürzer, öfter in Stichpunkten formuliert und nicht selten bebildert. Oft handelt es sich nicht um umfangreiche

Wahlprogramme, sondern um „Wahlfolder" im Stil von Flyern. Dies ist einerseits ein Kontrast zu den deutschen Wahlprogrammen, aber auch im Vergleich zu den Programmen nationaler Wahlen in Österreich. So fanden Dolezal et al. (2012: 884) in einer Studie über den Entstehungsprozess nationaler Parteiprogramme in Interviews mit Vertretern österreichischer Parteien heraus, dass diese nicht erwarten, dass der „gewöhnliche Wähler" die Programme liest. Die ausführlichen Dokumente sind auf die Bedürfnisse von Spezialisten, etwa Journalisten, Politiker der eigenen oder anderer Parteien, Interessenorganisationen oder Wissenschaftler zugeschnitten. An die Wählerschaft richtet sich oft ein eigens konzipiertes Kurzwahlprogramm.

Die Landesorganisationen in Österreich scheinen dem auf nationaler Ebene zu beobachtenden Trend immer längerer und professionalisierter Programme (Dolezal et al. 2012: 882) allerdings nicht zu folgen. Sowohl die Kürze und visuelle Gestaltung der Programme, als auch deren Nicht-Vorliegen im digitalen Format, lassen darauf schließen, dass sie explizit dazu gedacht sind, vom „gewöhnlichen Wähler" gelesen zu werden.

Die Aufmachung vieler österreichischer Programme als Wahlfolder ist insofern problematisch, als dass weniger Worte zur Analyse zur Verfügung stehen. Es ist außerdem wahrscheinlich, dass solche Wahlfolder im Gegensatz zu professionalisierten Programmen eine leichtere – und damit andere – Sprache verwenden, um eine gute Lesbarkeit zu gewährleisten. Die für Änderungen anfällige Wordscores-Software mag dies dazu verleiten, das Vorliegen einer anderen Textsorte anzunehmen. Nicht zuletzt erschwert die gegebene Formatierung die Konvertierung in ein Format, das von Wordscores verarbeitet werden kann.

Aufgrund dieser Schwierigkeiten ist es angemessen, die Analyse der österreichischen Programme auf die Analyse der Politikfelder Wirtschaft und Gesellschaft zu beschränken, die auf Basis ganzer Texte erfolgen kann. Eine weitere Reduzierung der Textmenge durch Auswahl von einzelnen Abschnitten ist bei vielen Programmen dagegen nicht zu verantworten. Da allerdings für die Landesebene in Österreich bisher noch gar keine Daten vorliegen, ist dies nur eine kleine Beschränkung.

Trotzdem erfordert gerade die Aufmachung der österreichischen Programme eine besonders sorgfältige Formatierung. Wie empfohlen (Laver, Benoit und Gary 2003) werden alle möglicherweise störenden Informationen aus den Texten entfernt. Dazu gehören Zahlen, Parteinamen, jegliche

Sonderzeichen und Aufzählungszeichen wie etwa Spiegelstriche. Die Umlaute werden durch ihre Entsprechungen (ae, ue, oe) ersetzt, da sie in einigen Fällen von Worscores nicht adäquat verarbeitet werden. Entfernt werden außerdem konventionell das Vorwort, Inhalts- und Stichwortverzeichnis sowie das Impressum. Die Wordscores für beide Staaten werden separat kalkuliert.

6. Policy Allokation in Deutschland

6.1 Parteipositionen

Bevor die Politikfelder zunächst unabhängig voneinander betrachtet werden, soll noch ein Blick auf die allgemeine Plausibilität der Daten geworfen werden. Insgesamt wurde das Politikfeld Immigration für 31 Wahlen, das Politikfeld Umwelt für 36 Wahlen erhoben. *Tabelle 5* zeigt die mittlere Position der Parteien über alle Wahlen hinweg.

Tabelle 5: mittlere Position der deutschen Parteien 2003–2014

	Linke	Grüne	SPD	CDU/CSU	FDP
Immigration	1,4	3,4	4,3	8,6	8,1
Umwelt	6	2	9,1	9,4	9,7

(Quelle: eigene Berechnung)

Die Reihenfolge der Parteien im Politikfeld Immigration ist, von links nach rechts: Linkspartei, Grüne, SPD, FDP und CDU/CSU. Im Vergleich zu den CHES-Daten (Bakker et al. 2015a; 2015b), aber auch im Vergleich zu den Referenzwerten von Benoit und Laver (2006) haben die Linkspartei und die Grünen die Plätze getauscht.

Bei der Umweltpolitik sieht die Reihenfolge wie folgt aus: Grüne, Linkspartei, SPD, CDU/CSU und FDP. Dies entspricht den Expertenbefragungen bei Benoit und Laver (2006) und den CHES-Daten von 2009 (2013 haben Linkspartei und SPD in den CHES-Daten die Plätze getauscht). Damit scheinen die Wordscores-Daten im Gesamtbild trotz leichter Abweichungen zum Chapel Hill Datensatz plausibel.

Die Textabschnitte, die Parteien dem Politikfeld Immigration widmen, sind unterschiedlich lang. Im Mittel gelten dem Thema 778 Wörter, es können daher auch Unterschiede bezüglich der Validität der Daten erwartet werden: die Positionen längerer Abschnitte vermitteln ein genaueres Abbild der Realität als die der kürzeren Abschnitte.

Tabelle 6: Wordscores Immigration

Wahl	Linke	Grüne	SPD	CDU/CSU	FDP	SSV	Koalitionsvertrag	Typ
Bremen 2003			4	12,4			7,2	B
Niedersachsen 2003				9,7	16,5		4,5	A
Brandenburg 2004			-1,9	10,5			1,6	A
NRW 2005				12,5	10,7		4,6	C
Schleswig-Holstein 2005			13,1	5,9			7,4	A
Bundestag 2005			12,1	24,4			4,3	A
Baden-Württemberg 2006				11	5,8		8,2	B
Berlin 2006	2,6			4,1			-0,6	C
Sachsen-Anhalt 2006			-6,2	3,7			0	B
Bremen 2007		2,5	5,9				8,9	A
Bayern 2008				0,4	6,1		2,8	B
Hamburg 2008		2,3	5,9				2,2	A
Hessen 2008		5,5	0,9				5,7	A
Niedersachsen 2008				7,6	5,7		3,5	C
Hessen 2009				4,6	6,1		12,1	D
Saarland 2009	6			9,6			8,8	A
Schleswig-Holstein 2009				14,4	3,3		9,4	B
Bundestag 2009				7,1	10,3		5,5	A
NRW 2010		2,8	10,2				2,7	A
Sachsen-Anhalt 2011			0,5	9,6			6,3	B
Rheinland-Pfalz 2011		4	6,8				4,7	A
Bremen 2011		5,8	5,8				6,7	D
Baden-Württemnerg 2011		3,8	8,1				5,6	B
Berlin 2011			1,9	5,6			3,7	B
Schleswig-Holstein 2012		3,7	4			-2,3	3,6	A

Wahl	Linke	Grüne	SPD	CDU/CSU	FDP	SSV	Koalitionsvertrag	Typ
NRW 2012		0,9	9				4,8	B
Niedersachsen 2013		2,3	2,5				1,2	C
Hessen 2013		4,4		6,3			3,1	A
Thüringen 2014	-0,5	0	4,2				-0,9	A
Sachsen 2014			4,3	2,5			1,3	A
Brandenburg 2014	2,2		-3				5,3	A

Tabelle 6 zeigt die Ergebnisse für das Politikfeld Immigration. Die Wordscores-Skala umfasst eigentlich Werte von 1 (ganz links) bis 20 (ganz rechts). Allerdings müssen Werte < 0 oder > 20 auch nicht verwundern, weil für die Berechnung der Abstand zu den Referenzdokumenten maßgeblich ist; liegt das Referenzdokument beispielsweise bei 5, ein unbekannter Text ist aber wesentlich linker (zum Beispiel um 6 Einheiten), so ergibt sich automatisch ein negatives Ergebnis.

Auffällig an den Daten ist zunächst, dass die Dokumente vorwiegend als links eingestuft werden. Wie realistisch dieser Befund ist, darf an einigen Stellen angezweifelt werden. Exemplarisch kann das Programm der CSU von der bayrischen Landtagswahl 2008 angeführt werden, das mit dem Wert 2.7 eine besonders linke Position bekleidet. Mit 365 Wörtern Länge liegt das Programm noch unter dem ohnehin schon geringen Mittelwert dieser Dimension. Es lohnt sich hier auch ein genauer Blick in den Text. Denn tatsächlich findet sich in dem Abschnitt recht wenig Information über die Immigrationspolitik der CSU:

> „Integration ist in Zeiten der Globalisierung eine Schlüsselfrage für den Erhalt unserer Heimat Bayern. Einheimische wie Zuwanderer tragen Verantwortung für eine erfolgreiche Integration. Mit einem Zehn-Punkte-Programm von der Sprachförderung bis zur Einbürgerung als Abschluss erfolgreicher Integration wollen wir Menschen mit Migrationshintergrund bei der Eingliederung in die Gemeinschaft verstärkt helfen. Wir fordern das Bemühen um Integration aber auch ein. Wer dauerhaft hier leben will muss unsere Kultur und Wertetradition achten und zum Miteinander bereit sein."

Diese wenigen Sätze über die Integration von Zuwanderern sind nicht besonders aussagekräftig. Sie sind aber Teil eines von der Partei festgelegten Abschnitts über die „Heimat Bayern", der als ganzes in der Analyse belassen wurde. Das Framing der CSU so zu belassen, war sicherlich eine Grenzentscheidung. Die Alternative wäre gewesen, das Dokument aufgrund seiner Kürze aus der Analyse auszuschließen. Eigentlich war aber davon auszugehen, dass zusätzliche Informationen die Positionierung der CSU verbessern würden.

Andererseits können zwei Faktoren einer exakten Positionierung der CSU entgegen stehen: Erstens unterscheidet sich durch diese Vorgehensweise das Framing der CSU stärker vom Framing der anderen Parteien. Und zweitens steht als Referenzdokument nur das gemeinsame Wahlprogramm der Unionsparteien zur Verfügung, sodass sich die Sprachgebung der CSU nur z.T. in den Referenzen niederschlägt. Eventuell fehlen hier für die Partei wichtige Schlüsselwörter, sodass insgesamt Information verloren geht – und eine deutlich linkere Position produziert wird.

Das Beispiel CSU zeigt die Schwächen des Wordscores-Verfahrens exemplarisch. Mit einem genaueren Blick in die Dokumente ließen sich sicherlich noch weitere der hier errechneten Werte diskutieren. Doch selbst wenn die rechts-links Positionierung der Dokumente – also ihre genaue Verortung auf der Skala von 1–20 – nicht ganz überzeugt, bleibt dennoch der Abstand der Dokumente zueinander eine relevante Information. Während die exakte Position eines Dokuments beispielsweise auch von der Anzahl der in die Analyse einbezogenen (unbekannten) Texte abhängt und somit leicht veränderlich ist,[2] bleibt der Abstand der Werte zueinander konstant. Bei der Abstandsmessung, die ja hier von besonderem Interesse ist, handelt es sich daher um einen weniger sensiblen Wert als bei der exakten Positionierung.

Tabelle 7 zeigt die Daten für das Politikfeld Umweltpolitik. Die Textabschnitte dieses Themas sind mit etwa 2.830 Wörtern im Mittel wesentlich länger und die Wordscores wahrscheinlich verlässlicher als bei der Immigration. Allerdings gibt es auch hier diskutable Ergebnisse, allen voran die sehr linken Positionen der CDU Hamburg 2008 und Berlin 2011. Bei beiden Programmen fällt auf, dass sie mit 369 und 418 Wörtern im Vergleich sehr kurz sind, was ihre Fehlpositionierung erklären könnte.

---

2 Werden zum Beispiel nur die Wahlen von 2002 bis 2009 betrachtet, verschieben sich die Positionen aller Dokumente noch weiter nach links.

Eine festgelegte oder konventionelle Mindestlänge für die Analyse eines Textes mit Wordscores gibt es übrigens nicht. Allerdings erscheint es aufgrund einzelner Befunde ratsam, in Zukunft über eine solche Mindestlänge im Sinn einer freiwilligen Selbstbeschränkung nachzudenken.

Tabelle 7: Wordscores Umwelt

Wahl	Linke	Grüne	SPD	CDU/CSU	FDP	SSV	Koalitionsvertrag	Typ
Bremen 2003			0,3	13,2			1,1	A
Niedersachsen 2003				12,7	16,2		10,5	A
Sachsen 2004			10,4	10,3			9	C
Brandenburg 2004			10,4	16,2			6,7	C
NRW 2005				9,8	7,3		11,8	A
Schleswig-Holstein 2005			12,2	5,3			11,3	A
Bundestag 2005			18	20,2			14	C
Baden-Württemberg 2006				12,4	14		9,9	C
M.-Vorpommern 2006			14,9	20,5			9,3	A
Sachsen-Anhalt 2006			-0,2	8,6			11	A
Bremen 2007		3,5	8,6				4,1	A
Bayern 2008				11,8	7,2		10,6	A
Hamburg 2008		0,8		-9,7			-1,2	A
Hessen 2008		3,1	9,2				5	A
Niedersachsen 2008				7,5	9,9		15,9	D
Hessen 2009				14,4	8,8		12,7	A
Saarland 2009		3		7	9,7		4,1	A
Schleswig-Holstein 2009				4,8	6,7		11	D
Sachsen 2009				7,9	7,2		12,8	D
Thüringen 2009			8,1	9,1			6,3	C

Wahl	Linke	Grüne	SPD	CDU/CSU	FDP	SSV	Koalitionsvertrag	Typ
Brandenburg 2009	5,4	14,2					10,4	B
Bundestag 2009			15,1	9,9			7,5	A
NRW 2010	4,1	6,4					6,2	A
Sachsen-Anhalt 2011			12,5	11			9	C
Rheinland-Pfalz 2011	4	10,6					7,5	B
Bremen 2011	3,2	5,2					4,9	A
Baden-Württemberg 2011	3,9	8,4					7,6	A
Berlin 2011		3,4	-4,5				-1,1	B
M.-Vorpommern 2011			12,2	9,6			8,1	A
Schleswig-Holstein 2012	4,1	10				15,5	6,4	B
NRW 2012	4,4	10,6					5,3	A
Niedersachsen 2013		1,7	3,9				3,7	A
Hessen 2013		5		2,2			8,4	D
Thüringen 2014	2,9	-14,4	7,9				5,9	B
Sachsen 2014			9,8	10,8			9,9	A
Brandenburg 2014	9,6		12				9	A

6.2 Keine quantitative Allokation von Policy

Gamsons Gesetz unterstreicht eine quantitative Logik bei der Aufteilung von Ministerien. Danach erhält jede Partei annähernd den Anteil der Portfolios, den sie in Form von Sitzanteilen in die Koalition einbringt. Bevor die zentralen Hypothesen dieser Arbeit getestet werden, die auf komplexere Motivationen bei den Parteien hinweisen, sollte noch ausgeschlossen werden, dass die simple quantitative Logik auch für Policy Payoffs gilt.

Dazu wird die Distanz einer Partei zum Koalitionsvertrag aus ihrer eigenen und respektive der Position des Koalitionsvertrages aus den oben gewonnenen, sowie den Daten von Debus (2008a) ermittelt. Die Sitzanteile der Parteien wurden der Website *bundeswahlleiter.de* entnommen. Für beide Variablen muss die Annahme der Normalverteilung verworfen werden, weshalb auf den Rangkorrelationskoeffizienten nach Spearman zurückgegriffen wird. Die Berechnung ergibt, dass der Koeffizient klein (0.08) und nicht signifikant ist. Auch separate Tests nach Politikfeldern und Parteien ergeben keine nennenswerten Ergebnisse (siehe Tabelle 8).

Tabelle 8: Korrelation Sitzanteil und Distanz zum Koalitionsvertrag

Auswahl	Spearman-Roh	N
Alle Fälle	0,08 ns	273
Wirtschaft	0,161 ns	68
Gesellschaft	0,002 ns	68
Umwelt	-0,006 ns	75
Immigration	0,171 ns	64
Linke	-0,095 ns	12
Grüne	-0,071 ns	42
SPD	0,051 ns	94
CDU/CSU	-0,191 ns	85
FDP	-0,074 ns	40

(Quelle: Berechnung auf Basis von Debus 2008a für die Politikfelder Wirtschaft und Gesellschaft; eigene Berechnung für die Politikfelder Immigration und Umwelt)

Die Aufteilung von Policies folgt also keiner quantitativen Logik. Das ist für sich genommen schon eine wichtige Erkenntnis. Parteien setzten die Verhandlungsmacht ihrer Sitzstärke dazu ein, sich einen proportionalen Anteil an den Regierungsämtern zu sichern, nicht aber für einen proportionalen Anteil an Policies. Ihre Verhandlungsmacht sollten Parteien aber für solche Policies einsetzten, die ihnen besonders wichtig sind. Deshalb deuten die in dieser Arbeit aufgestellten Hypothesen ohnehin auf eine an qualitativen Aspekten orientierte Aufteilung. Diese wird in den folgenden Abschnitten getestet.

6.3 Tausch oder Kompromiss?

Bevor in diesem Kapitel die zentralen Hypothesen getestet werden, wirft *Tabelle 9* einen Blick auf die mittlere Distanz der Parteien über alle nun bekannten Politikfelder.

Tabelle 9: mittlere Distanz zum Koalitionsvertrag über alle Politikfelder

	Linke	Grüne	SPD	CDU/CSU	FDP
Wirtschaft	8,4	4,1	5,8	2	2
Gesellschaft	2,1	4,4	2,8	6,6	3,5
Immigration	2,2	1,6	3,3	4,7	5,4
Umwelt	2,5	3,9	3	4,7	4,6
Gesamt	3,8	2,7	3,7	4,5	3,9

(Quelle: Berechnung auf Basis von Debus 2008a für die Politikfelder Wirtschaft und Gesellschaft; eigene Berechnung für die Politikfelder Immigration und Umwelt)

Zuerst zeigen die Zahlen, dass die Politikfelder einander nicht in einem Maße entsprechen, das ihre Erhebung durch die vorherige Erhebung von Wirtschafts- und Gesellschaftspolitik obsolet macht. In (fast) jedem Bereich weist eine andere Partei den geringsten Abstand zum Koalitionsvertrag auf: In der Wirtschaftspolitik Union und FDP, bei Gesellschaft und Immigration die Linkspartei (deren Wert allerdings aufgrund der Teilnahme an nur drei Koalitionsregierungen weniger aussagekräftig ist) und im Bereich Umwelt die SPD.

Sind die Distanzen der Parteien auch statistisch signifikant voneinander verschieden? Das muss mit einem U-Test nach Mann und Whitney ermittelt werden, da die Variable „Distanz zum Koalitionsvertrag" nicht normalverteilt ist. Die Linkspartei wurde nicht berücksichtigt, da sie, wie bereits erwähnt, während beider Zeiträume (1994–2006 und 2002–2014) an nur drei Koalitionen teilgenommen hat.

Tabelle 1 zeigt, dass die Grünen über alle Politikfelder eine signifikant andere (geringere) Distanz zu ihren Koalitionsverträgen aufweisen als alle anderen Parteien. Das gilt auch, wenn man nur den Bereich Immigration betrachtet.

Tabelle 10: U-Test nach Mann und Whitney

Politikfeld	Partei 1	Partei 2	Sig.
Alle	Grüne	SPD	0.028
	Grüne	FDP	0.036
	Grüne	CDU/CSU	0.04
	SPD	CDU/CSU	0.254
	FDP	CDU/CSU	0.382
	SPD	FDP	0.959
Wirtschaft	CDU/CSU	SPD	0.001
	FDP	SPD	0.002
	Grüne	SPD	0.29
	FDP	Grüne	0.6
	CDU/CSU	Grüne	0.756
	CDU/CSU	FDP	0.907
Gesellschaft	SPD	CDU/CSU	0.002
	FDP	CDU/CSU	0.02
	Grüne	CDU/CSU	0.093
	SPD	Grüne	0.098
	FDP	Grüne	0.238
	SPD	FDP	0.813
Umwelt	Grüne	FDP	0.002
	Grüne	CDU/CSU	0.077
	SPD	CDU/CSU	0.091
	FDP	CDU/CSU	0.724
	FDP	CDU/CSU	0.724
	SPD	FDP	0.813
Immigration	Grüne	SPD	0.001
	Grüne	CDU/CSU	0.001
	Grüne	FDP	0.003
	SPD	FDP	0.328
	CDU/CSU	FDP	0.36
	SPD	CDU/CSU	0.989

Die Parteien des linken Spektrums, Grüne und SPD, schneiden außerdem im Bereich Umwelt systematisch besser ab als die FDP. Diese wiederum kann sich, zusammen mit der CDU/CSU, in der Wirtschaftspolitik besonders gegen die SPD behaupten.

Schließlich gewinnt im sozialen Bereich signifikant die SPD gegen die CDU/CSU und diese wiederum gegen die FDP.

Das Gesamtbild spricht also dafür, dass die Parteien in verschiedenen Politikfeldern unterschiedlich erfolgreich sind. Bei den hier erhobenen Politikfeldern Umwelt und Immigration zeigt sich eine Dominanz der Parteien links der Mitte. Allerdings sind die (mittleren) Differenzen zwischen den Parteien nicht so hoch wie in den Daten von Debus, die einen sehr deutlichen Gewinn von Union und FDP in der Wirtschaftspolitik zeigen.

Wie lesen sich also die Ergebnisse der Abstandsmessung? Folgt die Aufteilung einer Tausch- oder einer Kompromisslogik? Eine visuelle Darstellung wie in den *Abbildungen 3* und *4* (S. 23/24) bietet sich an, wenn man von der Existenz eines zweidimensionalen Politikraums ausgeht. Hier kann Dimension A nur gegen Dimension B getauscht werden.

Sobald man aber einen mehrdimensionalen Raum modelliert (oder einfach nur mehrere Politikfelder betrachtet), wird nicht nur eine graphische Darstellung schwierig. Es ist auch theoretisch nicht länger festzustellen, welches Politikfeld gegen welches andere getauscht werden könnte. Da außerdem die Ausschöpfung möglicher Politikfelder alles andere als gegeben ist, muss mit jeder Menge „unobserved noise" gerechnet werden. Kurz: Es ist nicht bekannt, welche Politikfelder miteinander getauscht werden. Eine graphische Darstellung von z.B. Umweltpolitik und Immigrationspolitik im klassischen zweidimensionalen Raum wäre vor diesem Hintergrund nur eine „zufällige" Kombination von Politikfeldern.

Für die Frage nach Tausch oder Kompromiss kann dementsprechend nur jedes Politikfeld einzeln betrachtet werden. Aber auch hier sind beide Phänomene beobachtbar: ein Kompromiss liegt vor, wenn der Koalitionsvertrag sich annähernd zwischen den beiden Parteiprogrammen befindet. Ein Tausch liegt (wahrscheinlich) vor, wenn eine Partei das Politikfeld klar für sich entscheidet.

Daher wird zunächst mit einer Typenbildung gearbeitet, welche die Struktur der Policy Payoff Distribution ganz allgemein beschreiben soll. Ein statistischer Hypothesentest findet dann im nächsten Abschnitt statt. Es sollen vier Typen von Ergebnissen unterschieden werden:

Typ A: Tausch
In dieser Kategorie „gewinnt" eine Partei klar das Politikfeld. Das heißt, der Koalitionsvertrag ist nah am eigenen Wahlprogramm, bzw. deutlich näher am eigenen als am Wahlprogramm des Koalitionspartners. Um eine eindeutige Operationalisierung festzulegen, wird eine Verteilung immer dann als Typ A kategorisiert, wenn die Distanz einer Partei zum Koalitionsvertrag mindestens doppelt so groß ist wie die Distanz ihres Partners. Das heißt, wenn Partei A eine Einheit Abstand zum Koalitionsvertrag aufweist, muss Partei B mindestens zwei Einheiten entfernt sein. Bei zwei Einheiten Abstand von Partei A sind es mindestens vier Einheiten usw. Diese Operationalisierung erzeugt auch bei visueller Darstellung den Eindruck eines eindeutigen Gewinners, wobei der Effekt umso größer wird, je weiter die Parteien auseinander liegen.

Typ A ist über alle Politikfelder am häufigsten vertreten, genauer zeigen dies die *Tabellen 6* und *7* für Immigration und Umwelt sowie *Tabelle I* im Anhang für Wirtschaft und Gesellschaft. Im Bereich Wirtschaft entsprechen 19/34 Fällen diesem Typus, im Bereich Gesellschaft 21/34, im Bereich Umwelt 21/36 und im Bereich Immigration 16/31. Insgesamt liegt der Anteil von Typ A relativ stabil bei 51–61 Prozent.

In mehr als der Hälfte der Fälle kann ein eindeutiger Gewinner der Koalitionsverhandlungen ermittelt werden. Aber gibt es auch eine Regelmäßigkeit bezüglich der Frage *Wer* gewinnt?

Betrachtet man nur die Typ A Fälle, lässt sich im Bereich Wirtschaft vor allem ein Unterschied zwischen den beiden großen Parteien ausmachen. Die SPD gewinnt hier nur zwei Fälle, jeweils als großer Koalitionspartner der Linkspartei (Mecklenburg-Vorpommern 1998) und der Grünen (Mecklenburg-Vorpommern 2002). Die CDU/CSU gewinnt dagegen in zehn Typ-A-Fällen, neun davon als Koalitionspartner der SPD.

Gesellschaftlich zeigt sich das umgekehrte Bild, hier gewinnt die SPD in zwölf Fällen, die meisten davon in Koalitionen mit der CDU/CSU. Diese wiederum gewinnt die gesellschaftliche Dimension nur drei Mal, in allen Fällen als Koalitionspartner der FDP.

In den Bereichen Umwelt und Immigration lassen sich keine so eindeutigen Unterschiede ausmachen. Bei der Immigration scheint die SPD mit nur drei Gewinnen erneut etwas abgeschlagen, wobei der Unterschied zur CDU/CSU nicht besonders groß ausfällt. Auch die Grünen stechen in der

Umweltpolitik nicht heraus, sie können gemessen an ihrer Koalitionsbeteiligung in gut der Hälfte der Typ-A-Fälle das Politikfeld für sich entscheiden. Damit liegt ihre Erfolgsquote auf ähnlichem Niveau wie bei SPD und Union.

Typ B: Kompromiss
Bei dieser Kategorie ist kein eindeutiger Gewinner festzustellen. Alle Fälle, die nicht Typ A entsprechen und bei denen zugleich der Koalitionsvertrag zwischen den beiden Wahlprogrammen liegt, werden diesem Typus zugeordnet. Bei Visualisierung dieser Fälle wird deutlich, dass sie sich am ehesten einem pareto-optimalen Verhandlungsergebnis annähern.

Typ B tritt im Vergleich zu Typ A seltener auf: Im Bereich Wirtschaft entsprechen 7/34 Fällen diesem Typus, im Bereich Gesellschaft 9/34, im Bereich Umwelt 5/36 und im Bereich Immigration 9/31. Insgesamt liegt der Anteil von Typ B bei 13–29 Prozent, was zwar eine breitere Spanne als bei Typ A, aber über alle Politikfelder gesehen eine doch recht niedrige Variation ist. Die Tendenz ist jedenfalls eindeutig: Typ B kommt wesentlich seltener vor als Typ A.

Typ C: Linker als erwartet
Während Typ A und B, Tausch oder Kompromiss, von Koalitionstheorien vorhergesagt werden können, treten auch Fälle auf, die keiner der beiden Logiken entsprechen. Solche unerwarteten Fälle, Koalitionsverträge, die weder der Operationalisierung von Typ A entsprechen, aber auch nicht zwischen den beiden Wahlprogrammen liegen, werden den Typen C und D zugeordnet.

Typ C bezeichnet zunächst einen Fall, bei dem der Koalitionsvertrag linker als erwartet ist, also links beider Wahlprogramme liegt. Im Bereich Wirtschaft entsprechen 0/34 Fällen diesem Typus, im Bereich Gesellschaft 3/34, im Bereich Umwelt 6/36 und im Bereich Immigration 4/31. Das sind 0–16 Prozent aller Fälle.

Allerdings muss hinzugefügt werden, dass auch einige unter Typ A subsumierte Fälle links bzw. rechts beider Wahlprogramme liegen. Die Operationalisierung arbeitet hier zugunsten von Typ A, da nur der Abstand beider Parteien zu ihrem Koalitionsvertrag zählt. Trotzdem bleibt die Operationalisierung sinnvoll, weil auch ein Koalitionsvertrag außerhalb des Raums zwischen den Parteiprogrammen der Tauschlogik nicht widerspricht. Im Gegenteil, ein leicht außerhalb aber immer noch nah an einem

Wahlprogramm gelegener Koalitionsvertrag kann sogar für die Tauschlogik sprechen. Denn wenn die Parteien einander verschiedene Politikfelder ganz überlassen und nur die Position einer Partei gilt, würde man auch nicht länger erwarten, dass eine Policy „in der Mitte" liegen muss. Eine Policy im gleichen Abstand links oder rechts der eigenen Idealposition hat für die implementierende Partei theoretisch denselben Nutzen.

Trotzdem ist es erwähnenswert, dass viele Fälle eigentlich nicht im Raum zwischen den Parteien liegen. Alle Fälle, die Typ C und D zugeordnet wurden, sind aber bisher gänzlich unerklärte Fälle, für sie gibt es keinen plausiblen theoretischen Ansatz.

Typ D: Rechter als erwartet
Typ D ist das Spiegelbild zu Typ C. Hier ist der Koalitionsvertrag rechter als erwartet, liegt also rechts außerhalb des Raums beider Wahlprogramme. Im Bereich Wirtschaft entsprechen 8/34 Fällen diesem Typus, im Bereich Gesellschaft 1/34, im Bereich Umwelt 4/36 und im Bereich Immigration 2/31. Mit 3–23 Prozent scheint dieser Typus etwas häufiger vorzukommen als Typ C; dies liegt aber ausschließlich am häufigen Auftreten im Bereich Wirtschaft, während über alle anderen Politikfelder Typ C häufiger auftaucht.

Dass Fälle der Kategorien C und D vorkommen, ist eine wichtige empirische Erkenntnis und sollte Koalitionstheoretiker zum Nachdenken bringen. Wenn es sich nicht um Messfehler handelt (was zwar für einzelne Fälle nicht auszuschließen, im Ganzen aber unwahrscheinlich ist), dann kommen zwei Erklärungen für ihr Vorkommen infrage. Erstens, es handelt sich um ineffiziente Lösungen, die in komplexen Verhandlungssituationen durchaus vorkommen können (Arndt 2008: 57f.). Zweitens, die Wahlprogramme der Parteien bilden nicht die „realen" Präferenzen der Parteien ab, diese liegen in Wirklichkeit weiter links oder rechts und werden erst mit Abschluss des Koalitionsvertrages sichtbar (Debus 2008a). Dafür spricht auch, dass sich die Häufigkeiten von Typ C und Typ D nach Politikfeldern unterscheiden. Die Neigung des Koalitionsvertrages nach rechts scheint typisch für die Wirtschaftspolitik zu sein, in allen anderen Bereichen zeigt sich dagegen eine Tendenz nach links.

Es darf außerdem nicht vergessen werden, dass die Lage des Status Quo in diesem Design unbekannt ist. In räumlichen Modellen wird der Status

Quo allerdings als ungemein wichtig für die Verhandlungsergebnisse eingeschätzt. Wenn die Position einer Partei nahe am Status Quo liegt, dann ist ihre Erfolgsaussicht größer, weil nach Erkenntnis der Vetospielertheorie das Einverständnis aller benötigt wird, um den Status Quo zu verändern (Ennser-Jedenastik und Schermann 2008: 84).

Beide Erklärungen scheinen auf den ersten Blick plausibel, eine weitere Verfolgung der Kategorien C und D geht aber über den Anspruch und die Reichweite dieser Arbeit hinaus. Grundsätzlich würde sich zur Erforschung dieser Vorkommen aber eine stärker an qualitativen Kriterien ausgerichtete Methodik anbieten. Die folgenden Abschnitte konzentrieren sich im Wesentlichen darauf zu erklären, warum bzw. unter welchen Bedingungen Typ A, also Tausch, in Koalitionsverhandlungen vorkommt.

Im Hinblick auf die Frage, ob Policies eher als Tausch oder als Kompromiss verteilt werden, ist die Typenbildung von A und B aber bereits instruktiv. Die Tauschlogik (eine Partei gewinnt das Politikfeld) kommt wesentlich häufiger vor als die Kompromisslogik.

6.4 Tauschlogik bei ideologischer Unähnlichkeit?

Wenn die Tauschlogik in einer Mehrzahl der Fälle (etwa 51 bis 61 Prozent) angewandt wird, nach welchen Regeln wird dann getauscht? Welchen Effekt hat die Distanz der Koalitionsparteien zueinander, also ihre ideologische (Un-)Ähnlichkeit? Für Hypothese 3 (*Je weiter die Parteien programmatisch voneinander entfernt sind, desto wahrscheinlicher ist ein Tausch*) gab es nur eine schwache theoretische Fundierung. Der Ausgang des Hypothesentests ist damit weitgehend offen.

Mit einer binär logistischen Regression wird geprüft, ob der Eintritt des Ergebnisses (A oder Nicht A) von der Distanz der Parteien zueinander beeinflusst wird. Geprüft wird über alle Politikfelder, da bei einzelnen Politikfeldern zu wenige Fälle vorhanden sind.

Tabelle 11: binär logistische Regression

b-Koefizient	Standardfehler	Nagelkerkes R^2	Sig.	N
0,139	0,055	0,068	0,012	130

(Quelle: eigene Berechnung)

Tabelle 11 zeigt ein signifikantes Ergebnis, allerdings nur mit einer erklärten Varianz von 6.8 Prozent. Das scheint die schwache theoretische Fundierung der Hypothese geradezu widerzuspiegeln. Obwohl *H3* also akzeptiert wird, muss es noch andere, möglicherweise wichtigere Faktoren geben, die das Vorkommen von Tausch in Koalitionsverhandlungen erklären.

Eine mögliche Erklärung wäre natürlich, dass Tausch nach den oben definierten Kriterien sichtbar wird, in Wirklichkeit aber die Lage des Status Quo den Koalitionsvertrag entscheidender beeinflusst hat als die Parteipositionen. Akteure, deren Idealposition nahe am Status Quo liegt, haben einen systematischen Vorteil gegenüber Akteuren, die sich weiter entfernt davon verorten (Tsebelis 2002). Vielleicht liegt der Koalitionsvertrag also nur deshalb näher an einer Partei, weil der Status Quo ebenfalls in der Nähe liegt. Da aber der Status Quo in diesem Design nicht auftaucht, kann unmöglich gesagt werden, wie er ein Verhandlungsergebnis beeinflusst hat.

Eine weitere mögliche Erklärung, die hier getestet werden kann, liegt in Laver und Shepsles (1996) dezentraler Regierung: Da Minister als „policy dictators" auftreten, sollte auch die Partei des Ministers das Politikfeld im Koalitionsvertrag „gewinnen".

6.5 Verteilung analog zur Verteilung der Ministerien?

Der vorletzte Abschnitt (6.3) hat sich den Hypothesen *H1* und *H2*, also der Frage, ob in Koalitionsverhandlungen getauscht wird oder Kompromisse geschlossen werden, schon deutlich genähert. Das Vorkommen von mehr Typ A Fällen spricht für eine Tauschlogik. Allerdings wurde *H1*, die ja von einer analogen Verteilung von Policies und Portfolios ausgeht, noch nicht ausreichend getestet. Um dies zu tun, muss eine Variable kodiert werden, welche die Besetzung der Portfolios anzeigt. Dazu wird zuerst die ministerielle Entsprechung zu den erhobenen Politikfeldern gesucht.

Für die Wirtschaftspolitik ist die Kodierung unproblematisch, da in allen Ländern und über den gesamten Zeitraum hinweg ein eindeutiges Wirtschaftsministerium identifiziert werden kann. In allen anderen Bereichen kann dagegen ein variierender Ressortzuschnitt aus einer einfachen Zuordnung eine komplizierte Angelegenheit machen.

Im Bereich Gesellschaft beispielsweise kommen mehrere Ministerien für eine Kodierung infrage. Erstens das Sozialministerium, das seine Bedeutung in Deutschland durch die traditionelle Kombination mit dem Geschäftsbereich Arbeit erhält. Letzterer ist zwar bei Bäck, Dumont und Debus (2011) im Allgemeinen mit der ökonomischen Dimension assoziiert, im speziellen deutschen Fall wird das „Ministerium für Arbeit und Soziales" aber der sozialen Dimension zugeordnet. Neben dem klassischen Sozialministerium hat auch das Kultusministerium, das auf Länderebene von besonderer Bedeutung ist, soziale Relevanz. Von daher würde es ebenfalls für eine Kodierung infrage kommen.

Um das Dilemma einer unklaren Zuordnung zu lösen, wurden beide Ministerien im Zeitraum von 1994 bis 2006 erhoben. Dabei zeigte sich, dass die Ministerien in nur wenigen Ausnahmen (Berlin 1995, Mecklenburg-Vorpommern 1998, Hamburg 2001 und Bundestag 2005) von unterschiedlichen Parteien besetzt wurden. Die Besetzung des Ministeriums wurde also für diejenige Partei kodiert, die *beide* Ministerien besetzt. Die fünf genannten Ausnahmefälle wurden als fehlend kodiert.

Das Thema Immigration liegt im klassischen Aufgabenbereich des Innenministeriums, ist aber auch oft im Sozialministerium untergebracht. Gerade das Framing von Immigration als Integration legt diese Zuteilung nahe. Hier wird aber davon ausgegangen, dass eine Partei nicht an einem Ministerium, sondern an einem Geschäftsbereich interessiert ist (vgl. Pappi, Schmitt und Linhart 2008: 329). Daher wird für die Immigration der konkrete Ressortzuschnitt beachtet und jeweils die Besetzung des entsprechenden Ministeriums kodiert.

Der Ressortzuschnitt bei der Umweltpolitik gestaltet sich vergleichsweise komplizierter. Neben dem Umweltministerium existiert oft auch ein Landwirtschaftsministerium; und nicht immer sind diese von derselben Partei besetzt. Da hier auch Landwirtschaft als Umweltpolitik gerahmt wurde, werden Wahlen als *missing cases* behandelt, nach denen sowohl ein Landwirtschafts- als auch ein Umweltministerium gebildet und von verschiedenen Parteien besetzt wurde. In allen eindeutigen Fällen wird die Besetzung des Umweltministeriums kodiert.

Es sei noch bemerkt, dass die Kategorien leider nicht vollständig disjunkt sind, dass also bei entsprechendem Ressortzuschnitt die Besetzung des Sozialministeriums sowohl für die Gesellschaftspolitik als auch für die Immigrationspolitik kodiert wird. Eine elegantere Lösung kam zwar für die Kodierung nicht infrage, dieses Defizit wird aber dadurch abgemildert, dass der Hypothesentest nicht nur unter Berücksichtigung aller Fälle, sondern auch für einzelne Politikfelder durchgeführt wird.

Die Informationen zu Zuschnitt und Besetzung der Portfolios wurden entweder den Koalitionsverträgen oder den offiziellen Internetauftritten der Bundesländer entnommen und bei Bedarf aus anderen Quellen ergänzt.

Auf diese Weise ergibt sich eine dichotome Variable, die anzeigt, ob eine Partei das entsprechende Portfolio besetzt. Eine binär logistische Regression kann zeigen, ob die Distanz einer Partei zu dem von ihr geschlossenen Koalitionsvertrag einen Einfluss darauf hat, ob sie das Portfolio besetzt. Die Ergebnisse (dieser separaten Regressionen) sind in *Tabelle 12* zusammengefasst.

Tabelle 12: binär logistische Regression

Auswahl	b-Koeffizient	Standardfehler	Nagelkerkes R^2	N
Alle Politikfelder	-0.09*	0.04	0.026	243
Umwelt	-0.05 ns	0.09	0.01	62
Immigration	-0.2 ns	0.09	0.02	54
Wirtschaft	-0.11 ns	0.08	0.04	67
Gesellschaft	-0.12 ns	0.08	0.05	60
CDU/CSU	-0.19**	0.07	0.14	76
Typ A	-0.12*	0.05	0.05	144

(*entspricht einem Signifikanzniveau von < 0.05; ** entspricht einem Signifikanzniveau von < 0.01; Quelle: eigene Berechnung)

Die Tabelle zeigt ein gemischtes Gesamtergebnis. Über alle Politikfelder hinweg zeigt sich ein signifikantes, bei einzelnen Politikfeldern aber kein signifikantes Ergebnis. Der Zusammenhang ist zwar wie erwartet negativ, das R^2 aber in allen Fällen geradezu verschwindend gering.

Interessant ist, dass bei Auswahl der Union der Zusammenhang sehr signifikant ist und das Modell immerhin 14 Prozent der Portfolio-Besetzung der Partei erklärt. Hier kann nur vermutet werden, was der Grund für dieses Ergebnis ist. Ist die Union erfolgreicher bei der Verteilung der Payoffs?

Bevorzugen Unionspolitiker in Koalitionsverhandlungen eine Tauschlogik, die anderen Parteien eher eine Kompromisslogik?

Werden nur Typ A Fälle ausgewählt, zeigt sich ebenfalls ein signifikantes Ergebnis, allerdings mit kleinerem R^2. Das mag nur auf den ersten Blick erstaunlich wirken, denn schließlich kann nur dort ein analoger Tausch von Policies und Portfolios stattfinden, wo die Tauschlogik auch angewendet wird. Werden Kompromisse geschlossen, nähern sich die Distanzen der Parteien zum Koalitionsvertrag an, während das Portfolio aber weiterhin nur von einer Partei besetzt werden kann. Daher kommt der analogen Tauschlogik zumindest ein Minimum an Erklärungskraft zu. Die Erklärung, die Laver und Shepsle (1996) dafür anbieten würden, nämlich das Auftreten von Ministern als „policy dictators" scheint aufgrund der schwachen empirischen Fundierung aber übertrieben. Tatsächlich werden Ministerien sowohl analog zu Policy-Gewinnen, als auch konträr zu diesen vergeben.

Neben der rein statistischen Evidenz über alle Fälle hinweg, ist es auch interessant, sich die Besetzung der Portfolios im Zeitverlauf anzusehen. Während alle anderen Politikfelder dabei keine besonderen Auffälligkeiten aufweisen, zeigt sich im Bereich Umwelt eine klare Veränderung.

Abbildung 5 am rechten Bildrand zeigt für alle Wahlen im Zeitverlauf, ob der „Gewinner" des Politikfelds Umwelt auch das entsprechende Portfolio innehatte. Alle Fälle, in denen Portfolio und Policy Payoffs übereinstimmen, sind

Wahl
Bremen 2003
Sachsen 2004
Brandenburg 2004
NRW 2005
Schleswig-Holstein 2005
Bundestag 2005
Baden-Württemberg 2006
M.-Vorpommern 2006
Sachsen-Anhalt 2006
Bremen 2007
Bayern 2008
Hamburg 2008
Hessen 2008
Hessen 2009
Schleswig-Holstein 2009
Sachsen 2009
Thüringen 2009
Bundestag 2009
NRW 2010
Sachsen-Anhalt 2011
Rheinland-Pfalz 2011
Bremen 2011
Baden-Württemnerg 2011
Berlin 2011
M.-Vorpommern 2011
Schleswig-Holstein 2012
NRW 2012
Niedersachsen 2013
Hessen 2013
Sachsen 2014
Brandenburg 2014

orange markiert. Solche, in denen eine Partei das Politikfeld gewinnt, der andere Koalitionspartner aber das Portfolio bekommt, sind blau markiert. Orange markierte Fälle unterstützen also die Tauschlogik, blau markierte widersprechen ihr. Es fällt auf, dass zwar zahlenmäßig kein Unterschied zwischen den Kategorien festzustellen ist, sich aber eine recht eindeutige Tendenz im Zeitverlauf abzeichnet. Während vor 2009 in nur drei Fällen Policies und Portfolios nicht analog vergeben wurden, wird diese Verteilung ab 2009 zum Normalfall.

Für diese Kehrtwende könnte die Salienz des Politikfelds insgesamt verantwortlich gemacht werden, die nicht nur zwischen den Parteien, sondern auch über die Zeit variiert (Pappi, Schmitt und Linhart 2008: 363) und die in den letzten Jahren für den Bereich Umwelt gestiegen ist. Das spiegelt sich auch darin wieder, dass die Bündelung aller Umweltthemen in einem Ministerium – inklusive des wichtigen Themas Energie – immer prominenter wird. Auffällig ist vor allem das Jahr 2011, in dem fast gar keine analoge Verteilung stattfand – das Jahr der Atomkatastrophe von Fukushima und dem endgültigen deutschen Atomausstieg.

Man könnte also sagen: Mit zunehmender Salienz des Politkfelds schwindet die analoge Verteilung dahin. Dies scheint eine plausible Erklärung zu sein, da mit zunehmender Relevanz eines Ressorts keine Partei ihren Einfluss in diesem Bereich ganz aufgeben möchte. Zumindest steigen die Kosten für Machtverlust mit zunehmender Salienz.

Aber lässt sich diese Erklärung auch auf die anderen Politikfelder beziehen? Jedenfalls gehören die Geschäftsbereiche Inneres, Arbeit, Wirtschaft, Soziales und Umwelt- und Naturschutz zu den Bereichen, die in den deutschen Ländern als überdurchschnittlich wichtig angesehen werden (Linhart und Windwehr 2012: 589).

Damit haben wir keinen „most different case" in diesem Design, die Erklärungskraft von parteiübergreifender Salienz kann zunächst weder bestätigt noch abgelehnt werden. Integration gehört zu den unterdurchschnittlich wichtigen Bereichen, befindet es sich aber immer mit den Geschäftsbereichen Soziales oder Inneres in einem Ministerium, ein Unterschied zwischen ihnen kann deshalb nicht festgestellt werden.

Der nächste Abschnitt kann diesem Dilemma nur halbwegs genügen. Er beschäftigt sich zwar mit Salienz, allerdings ausschließlich mit Bezugnahme zu parteispezifischer Salienz, nicht der übergeordneten Bedeutung von Ministerien bzw. Geschäftsbereichen.

6.6 Erklärungskraft von Salienz

Salienz, das ist im vorigen Abschnitt schon angeklungen, lässt sich auf vielfältige Weise verstehen und operationalisieren. Bei Benoit und Laver (2006) werden beispielsweise Experten nach ihrer Einschätzung der Wichtigkeit einzelner Politikfelder für die Parteien befragt. Es kann angenommen werden, dass solche Einschätzungen recht konstant sind – und deshalb in theoretischer Hinsicht eher dem Konzept der *issue ownership* entsprechen.

In den *Tabellen 9* und *10* wurde gezeigt, welche Parteien sich auf welchen Politikfeldern besonders hervortun. Diese Ergebnisse stimmen aber nur zum Teil mit der „issue ownership" der deutschen Parteien überein (Zuordnung siehe Wagner und Mayer 2014, supplemental data). Übereinstimmung findet sich bei CDU/CSU und FDP, die bei wirtschaftlichen Themen dominieren. Gesellschaftlich zeigen sich SPD und Linkspartei stark, was ebenfalls ihrer „issue ownership" entspricht. Bei der Umwelt gibt es keine so deutliche Übereinstimmung: Obwohl die Grünen dieses Politikfeld „besitzen" sollten, ist ihre mittlere Distanz größer als die der Linkspartei und der SPD. Statistisch zeigen sich die Grünen gemessen an ihrer Distanz zum Koalitionsvertrag nur gegenüber der FDP im Vorteil. Die FDP wiederum müsste sich im Bereich Immigration hervortun, da dies (zusammen mit dem Bereich „Law and Order") ihrer „ownership" entspricht (Wagner und Mayer 2014). Das Gegenteil ist aber der Fall, die FDP hat die größte mittlere Distanz aller Parteien auf diesem Politikfeld, statistisch dominieren hier die Grünen gegenüber den anderen Parteien.

„Issue ownership" kann die Ergebnisse also nur mäßig gut erklären. Das mag auch daran liegen, dass sich das Konzept nur langsam wandelt und die tagespolitische Agenda unberücksichtigt lässt. Salienz ist demgegenüber das Maß an Aufmerksamkeit, das einem Thema bei einer bestimmten Wahl zukommt. Das heißt, Salienz kann potenziell stark zwischen zwei aufeinander folgenden Wahlen variieren. Deshalb sollte zum Testen von *H4* eine „feinere" Operationalisierung vorgezogen werden. Es bietet sich an, diese direkt an den vorliegenden Wahlprogrammen festzumachen – und zwar an der Länge des Textabschnitts, den die Parteien einem Politikfeld widmen.

Diese variiert natürlich auch mit der Länge des Gesamtdokumentes, sodass sich für die Rechnung ergibt (vgl. Schmitt 2008: 5):

Salienz = Anzahl Wörter Textabschnitt / Anzahl Wörter Gesamtdokument * 100

Daraus ergibt sich der Prozentanteil des Politikfelds am gesamten Wahlprogramm. Diese Messung von Salienz lässt also die allgemeine „objektive" Bedeutung von Portfolios unberücksichtigt. Das ist nicht ganz unproblematisch. Beispielsweise beobachten Pappi, Schmitt und Linhart, dass eine Salienzmessung anhand von Wahlprogrammen die unumstrittene Bedeutung des Finanzministeriums viel zu gering einschätzt (2008: 383).

Eine zusätzliche Schwierigkeit ergibt sich daraus, dass das eigene Framing der Parteien hier zum Teil aufgebrochen wurde, um inhaltlich möglichst gleiche Textabschnitte zu schaffen. Dieses Vorgehen ist für die Messung der Parteipositionen vorteilhaft, für die Messung von Salienz jedoch nachteilig, weil es das Gewicht, das die Parteien selbst einem Thema beimessen, verzerrt.

Da für die Messung von Debus (2008a) ganze Texte verwendet wurden, kann diese Hypothese außerdem nur für die hier erhobenen Politikfelder Umwelt und Immigration getestet werden. Weil die Annahme der Normalverteilung für beide Variablen verworfen werden muss, kommt nurmehr eine Rangkorrelation nach Spearman für die Analyse infrage, deren Ergebnisse *Tabelle 13* zeigt.

Tabelle 13: Korrelationen nach Spearman

Auswahl	Distanz x Salienz	Distanz x Textlänge	N
Alle Fälle	-0,197*	-0,291**	130
Umwelt	-0,217	-0,226	74
Immigration	-0,324*	-0,525**	61
Typ A	-0,373**	-0,417**	74

(*entspricht einem Signifikanzniveau von < 0.05; ** entspricht einem Signifikanzniveau von < 0.01; Quelle: eigene Berechnung)

Alle Vorzeichen der Rechnung sind wie erwartet. Erhöht sich die Salienz (bzw. Textlänge), dann verringert sich die Distanz einer Partei zu dem von ihr geschlossen Koalitionsvertrag. Die besten Ergebnisse sind bei Typ A Fällen zu beobachten.

Es fällt aber auf, dass Salienz als erklärende Variable im Bereich Immigration wichtiger zu sein scheint als im Bereich Umwelt. Das schlägt sich in einem größeren und vor allem signifikanten Koeffizienten für das Politikfeld Immigration nieder. Zur Erklärung dieser Beobachtung kommen zwei Möglichkeiten infrage. Die erste wurde bereits im vorigen Abschnitt (6.5) erwähnt, nämlich die Bedeutung des Politikfelds insgesamt. Es kann (z.B. auch in Bezug auf die Längen der Textabschnitte) argumentiert werden, dass Umwelt als Politikfeld in Deutschland von größerer Relevanz ist als Immigration. Daher könnte die eigene Bedeutung, die eine Partei dem Politikfeld zuweist, hinter dessen allgemeiner (gewissermaßen intersubjektiver) Relevanz verblassen. Ebenso wie die Ämter des Premier- und Finanzministers so bedeutsam sind, dass keine Partei unabhängig von ihrer ideologischen Ausrichtung sie übergehen kann oder will (Browne und Feste 1975). Für das Politikfeld Immigration hingegen, das ganz allgemein weniger wichtig ist, bestimmt dann die parteispezifische Salienz über die Distanz zum Koalitionsvertrag.

Die zweite mögliche Erklärung ist weniger optimistisch: Das Ergebnis könnte der Messung selbst geschuldet sein, da Wordscores selbst nicht ganz frei von Salienzannahmen ist. Danach unterschieden sich Parteien in ihrem unterschiedlichen Sprachgebrauch, bürgerliche Parteien betonen die Bekämpfung der Inflation, Sozialdemokraten die Bekämpfung der Arbeitslosigkeit – und gemessen wird dies an den relativen Worthäufigkeiten. Für Budge sind „all computerized procedures based on word counts (…) more naturally linked to saliency codings than to confrontational ones" (2010: 87). Wird, wie vorgesehen, das ganze Wahlprogramm mit Wordscores analysiert, ist in dieser Messung also Salienz gewissermaßen schon enthalten. Im Design dieser Arbeit wurde dieser Effekt durch die Auswahl einzelner Textabschnitte abgemildert, sodass von einer gleichen Basis an Themen ausgegangen werden konnte. Trotzdem kann natürlich nicht ausgeschlossen werden, dass Textlänge und Salienz nur korrelieren, weil mit der Länge des Textes auch die Chance steigt, *irgendein* Wort im Koalitionsvertrag wiederzufinden.

Die Länge des Textabschnitts kann aber auch ganz unmittelbare Auswirkungen auf die Koalitionsverhandlungen haben. Wenn das Wahlprogramm während der Gespräche als direkte Vorlage für den Koalitionsvertrag dient, hat eine Partei mit mehr Text einen Verhandlungsvorteil (Dolezal et al.

2012: 889). Nur wenn auch detaillierte Politikvorschläge vorliegen, kann über sie verhandelt werden. Ein kurzer Textabschnitt deutet dagegen auf eine wenig konkrete Position hin. Von daher könnte die Korrelation von Textabschnitt und Policy-Distanz auch durch die Verhandlungspraxis selbst erklärt werden.

Jedenfalls, das kann insgesamt festgehalten werden, spielt Salienz bei der Verteilung von Policy Payoffs eine Rolle. Möglicherweise treten aber je nach Politbereich andere Mechanismen in den Vordergrund bzw. werden parteispezifische und parteiübergreifende Salienz unterschiedlich gewichtet.

7. Policy Allokation in Österreich

Die *Tabellen 14* und *15* zeigen die Wordscores Ergebnisse für Österreich. Es wurden die ganzen Texte analysiert, Referenzdokumente sind die Wahlprogramme aus dem Jahr 2002, die Referenzwerte stammen auch hier von Laver und Benoit (2006). Obwohl es sich bei den Nationalratswahlen 2002 um vorgezogene Wahlen handelte, sind die Referenzdokumente von ausreichendem Umfang (SPÖ: 11.800, ÖVP: 26.500; Grüne 6.400; FPÖ: 26.100 Wörter).

Aufgrund des erheblich eingeschränkten Zugangs zu den Dokumenten konnten nur elf Wahlen in die Analyse einbezogen werden. Diese geringe Fallzahl eignet sich zwar nicht für eine statistische Analyse, die Daten könnten aber dennoch mit einem stärker qualitativem Blick betrachtet werden.

Tabelle 14: Wordscores Wirtschaft

Wahl	Grüne	SPÖ	ÖVP	Stronach	CA
Burgenland 2010		8,2	15		12
Oberösterreich 2003	7,3		8,8		4,4
Oberösterreich 2009	6		4,4		8,7
Salzburg 2009		10,1	6,7		7,4
Salzburg 2013		7,4	12,3	-2,6	8,5
Steiermark 2005		-3,5	5		6,7
Tirol 2013	9,5		6,3		8,9
Vorarlberg 2014	2,4		9,9		9,5
Wien 2010	3,4	8,5			9,3
Nationalrat 2006		14,7	16,4		12,9
Nationalrat 2008		15,2	15,1		12,3
Nationalrat 2013		14	12,8		5,2

(Quelle: eigene Berechnung)

Tabelle 15: Wordscores Gesellschaft

Wahl	Grüne	SPÖ	ÖVP	Stronach	CA
Burgenland 2010		8,2	17,5		14,5
Oberösterreich 2003	5,8		9,1		3,7
Oberösterreich 2009	4,5		2,2		9,7
Salzburg 2009		11,4	6,4		7,6
Salzburg 2013		7,5	13,9	-8,2	9,5
Steiermark 2005		-9	3,4		7,1
Tirol 2013	8,2		6,1		9,9
Vorarlberg 2014	-1,8		10,7		10,8
Wien 2010	1,5	8,7			10,3
Nationalrat 2006		16,2	20,7		16,9
Nationalrat 2008		17,4	17,7		16,2
Nationalrat 2013		15,8	14,6		5,5

(Quelle: eigene Berechnung)

Wie plausibel erscheinen die Messungen? Auffälligkeiten in den Werten gibt es bei vier Wahlen, was immerhin mehr als ein Drittel der Fälle ausmacht. Bei beiden Politikfeldern wird die ÖVP zweimal linker als die SPÖ (Salzburg 2009 und Nationalratswahl 2013) und sogar zweimal linker als die Grünen positioniert (Oberösterreich 2009 und Tirol 2013).

Solche Ergebnisse, die der allgemein angenommenen Positionierung der Parteien widersprechen, verlangen eine genauere Plausibilitätsprüfung. Glücklicherweise bietet die *pledge-fulfillment* Studie von Schermann und Ennser-Jedenastik (2008) eine gute Gelegenheit, die Ergebnisse für die Nationalratswahlen zu vergleichen. Die Autoren fanden heraus, dass FPÖ und ÖVP 2002 ungefähr gleich viele *Pledges* im Koalitionsvertrag unterbringen konnten. 2006 und 2008 war dagegen die ÖVP erfolgreicher als die SPÖ. Die Wordscores Ergebnisse jedoch zeigen das Gegenteil: 2006 ist der Koalitionsvertrag bei beiden Politikfeldern näher an der SPÖ, 2008 unterschieden sich die Positionen der beiden großen Parteien indes kaum, der Koalitionsvertrag liegt auch hier im gesellschaftlichen Bereich näher an der SPÖ.

Das lässt noch einmal erhebliche Zweifel an der Validität der Messung aufkommen. Eigentlich konnte davon ausgegangen werden, dass ganze Texte (im Gegensatz zu Textabschnitten) unproblematische Ergebnisse hervorbringen. Werden allerdings die Wordscores-Ergebnisse aller Parteien für die Nationalratswahlen 2006 und 2008 mit denen des Chapel Hill Expert Survey (Bakker et al. 2015a)[3] verglichen, zeigen sich auch hier deutliche Unterschiede.

Tabelle 16: Vergleich Wordscores und Capel-Hill Expert Survey

Partei/Jahr	Wirtschaft		Gesellschaft (Gal/Tan)	
	Wordscore	CHES	Wordscore	CHES
ÖVP 2006	16,2	13,66	20,7	15,34
ÖVP 2008	15,1	14,28	17,7	14,42
SPÖ 2006	14,7	4	16,2	7
SPÖ 2008	15,2	5,86	17,4	7,86
Grüne 2006	13,2	3,34	13,8	1,66
Grüne 2008	6,4	4	4,3	3
FPÖ 2006	9	11,34	10,5	19,34
FPÖ 2008	11,7	11,14	13,6	17,42
BZÖ 2006	13,5	12,34	17,4	17,66
BZÖ 2008	13,5	14,58	17	15,8

(Quelle: Chapel Hill expert survey trend file 1999–2010; eigene Berechnungen)

Tabelle 16 zeigt den Vergleich von CHES und Wordscores Daten. Einige davon sind durchaus ähnlich und daher plausibel. An anderen Stellen weichen sie aber ganz deutlich voneinander ab. Besonders die SPÖ wird (in beiden Wahljahren) von Wordscores als deutlich rechter beurteilt als von den Experten aus Chapel Hill. Gleiches gilt für die Grünen 2006. Für die FPÖ gilt umgekehrt, dass ihr Wordscores Ergebnis (vor allem 2006) im Politikfeld Gesellschaft durch Wordscores als deutlich linker eingestuft wird. Die kritischen Daten sind in *Tabelle 16* noch einmal markiert.

---

3 Die CHES-Daten wurden reskaliert, um eine bessere Vergleichbarkeit zu gewährleisten. Die Gal/Tan Dimension bei CHES entspricht in ihrer Definition etwa der gesellschaftlichen Dimension bei Laver und Benoit (2006): „Libertarian or postmaterialist parties favor expanded personal freedoms, for example, access to abortion, active euthanasia, same-sex marriage, or greater democratic participation" (Bakker et al. 2015b).

Statistisch zeigt sich kein signifikanter Zusammenhang (Pearson 0.377; Spearman 0.355) zwischen Wordscores und CHES-Daten. Und aus den Erfahrungen mit den deutschen Wahlen kann gesagt werden, dass eine Analyse einzelner Politikfelder, also von Textabschnitten, die Ergebnisse weiter verschlechtern würde. Das ist ein überaus ernüchterndes Ergebnis. Allerdings hatte der Pretest für Deutschland ja durchaus akzeptable Ergebnisse (und zwar sowohl für Textabschnitte, noch besser aber für ganze Texte) produziert. Es stellt sich daher vor allem die Frage, welcher Unterschied zwischen den beiden Staaten für diese Diskrepanz verantwortlich sein könnte.

Während man die Ergebnisse für die Bundesländer noch durch die Kürze und den Aufbau der Wahlprogramme erklären könnte, gilt dies für die nationale Ebene nur eingeschränkt. Zwar sind auch bei nationalen Wahlprogrammen Stichpunktformulierungen beliebt, die Programme kommen aber ohne ausladende Bebilderung aus und ähneln daher eher den deutschen „professionalisierten" Wahlprogrammen als den österreichischen „Wahlfoldern" der Landesebene.

Schlechte Ergebnisse von FPÖ und BZÖ hätten eventuell noch aus der Umbildung dieser Parteien erklärt werden können: Die schwarz-gelbe Regierung, die 2002 nach vorgezogenen Wahlen erneut an die Macht gekommen war, bildete auch im zweiten Versuch keine stabile Koalition. Die hohen Zugeständnisse, welche die FPÖ an ihren Koalitionspartner machen musste, führten im Jahr 2005 zur Abspaltung eines Teils der Partei rund um den Kärntner Landesvorsitzenden Jörg Haider und zur Neugründung des Bündnis Zukunft Österreich (BZÖ). Damit verabschiedete sich vor allem der wirtschaftsliberale Teil der Partei, was zu einer weiteren Radikalisierung der rechtspopulistischen FPÖ führte. (Schermann und Ennser-Jedenastik 2008: 90)

Eine solche Radikalisierung der FPÖ wird aus den Wordscores-Ergebnissen nicht ersichtlich. Es wäre möglich, dass Wordscores mit der Abspaltung des BZÖ überfordert ist, weil für 2002 nurmehr ein „gemeinsames" Referenzdokument vorliegt.

Das erklärt allerdings nicht, warum auch für die SPÖ (2006 und 2008) und die Grünen (2006) keine überzeugenden Ergebnisse produziert werden. Tatsächlich finden auch Bräuninger, Debus und Müller (2013) für Österreich seit den 1980er Jahren nur eine schwache Korrelation, hier im Vergleich mit CMP-Daten: „While the congruence is very high in case of the German, Swedish and Norwegian parties (ρ >.81), we find a quite low correlation of the left-right position of parties in case of Austria, Belgium, Finland, the Netherlands and Portugal (ρ > .12 and ρ < .41)" (2013: 21).

Die Autoren finden in ihrer Studie keine überzeugende Erklärung für die Unterschiede zwischen diesen Staaten. Hier könnte nur ein Blick in die Diskursstruktur des Landes helfen: Welche Themen standen bei den Wahlen auf der Agenda? Haben sich Begrifflichkeiten in kurzer Zeit gewandelt?

Tatsächlich erkennt Onken (2013: 325) seit den 1980ern einen sprachlichen Wandel bei den beiden großen Parteien. Um ihre Stimmverluste durch abnehmende Parteibindung abzufedern, hätten ÖVP und SPÖ ihre Parteistrategie schrittweise verändert: Statt auf spezifische politische Rhetorik würden sie zunehmend auf weniger verbindliche Aussagen setzten, um (weiterhin) breite Wählermassen zu erreichen. Nun basiert die Messung der Wordscores aber auf politischer Rhetorik; wenn die Sprache nicht ideologisch besetzt ist, wird die Grundannahme des Verfahrens nicht erfüllt.

Erwähnenswert ist allerdings, dass Linhart und Shikano (2007) für die Nationalratswahl 2006 durchaus überzeugendere Wordscores generiert haben. Als Referenzdokumente wurden ebenfalls die Wahlprogramme aus dem Jahr 2002 verwendet, als Referenzwerte wurden aber CMP-Daten verwendet. Der vermutlich wichtigere Unterschied zu dieser Arbeit besteht aber darin, dass die Autoren ausschließlich die Programme von 2006 analysiert haben – und die Auswahl der unbekannten Texte die Ergebnisse ebenfalls verändern kann. Die Auswahl einer größeren Anzahl von Texten, wie hier geschehen, sollte das Ergebnis aber eigentlich gegenüber der kleineren Anzahl von Texten bei nur einer Wahl verbessern. Das dies in diesem Fall nicht geschehen ist, zeigt die unberechenbaren Auswirkungen, die die Wahl des Untersuchungszeitraums auf Wordscores haben kann. Das ist wahrscheinlich die größte Schwäche des Verfahrens.

Im Verlauf der Analyse der deutschen Wahlen sind immer wieder kleinere Probleme mit der Erhebungsmethode aufgetaucht, zuletzt die Frage, inwieweit Wordscores selbst Salienz misst und damit der Erklärungskraft dieser unabhängigen Variable vorgreift. Es kann aber für Deutschland davon ausgegangen werden, dass insgesamt plausible Ergebnisse produziert wurden.

Für Österreich trifft dies nicht zu. Aufgrund der mangelhaften Validität der österreichischen Daten muss jedenfalls darauf verzichtet werden, die gewonnen Daten hier genauer zu analysieren. Ohnehin wäre nurmehr ein qualitativer Blick auf die Daten möglich gewesen, sodass die statistischen Ergebnisse für Deutschland letztlich ohne Vergleich auskommen müssen.

8. Fazit

Wie werden Policies in Koalitionsverhandlungen aufgeteilt? Um diese Frage zu beantworten, wurden die Positionen von Parteien und Koalitionsverträgen über mehrere Politikfelder ermittelt. Zur Erhebung wurde eine quantitative Textanalyse mit Wordscores durchgeführt, die es (im Gegensatz zu aufwendigen manuellen Kodierungen) erlaubt, eine große Anzahl an Wahlen zeit- und kostengünstig zu analysieren. Dabei wurden für die deutschen Landtagswahlen auch unter Verwendung von Textabschnitten (statt ganzer Texte) zufriedenstellende Ergebnisse produziert. Obwohl für Österreich keine so überzeugenden Daten generiert wurden und auf ihre Auswertung verzichtet werden musste, steht die Nützlichkeit der Methode außer Frage. Sie kann und sollte jedoch immer, wie hier geschehen, mit anderen Methoden verglichen werden, um eine gegenseitige Validierung zu gewährleisten.

Zu Beginn dieser Arbeit wurde vermutet, dass Policies analog zu Portfolios aufgeteilt werden, was ihre separate Erhebung obsolet gemacht hätte. Es konnte aber gezeigt werden, dass die Verteilung von Polcies anderen Regeln folgt als die Verteilung von Portfolios. Im Verlauf der Untersuchung wurde außerdem klar, dass eine Erweiterung der klassischen „Dimensionen" Wirtschaft und Gesellschaft um weitere Politikfelder lohnend sein kann, da hier durchaus unterschiedliche Ergebnisse zu beobachten sind. Es fanden sich einige Hinweise darauf, dass Policy Payoffs nach Politikfeldern unterschiedlich aufgeteilt werden.

Insgesamt ist noch wenig darüber bekannt ist, wie Policies genau aufgeteilt werden. Auch diese Arbeit konnte die Antwort nur zum Teil erhellen. Es konnte gezeigt werden, dass die Tauschlogik in Koalitionsverhandlungen wesentlich öfter angewendet wird als die Kompromisslogik, genauer in 51–61 Prozent der Fälle. Parteien, deren Positionen im räumlichen Modell weiter voneinander entfernt sind, tendieren dabei eher zur Tauschlogik als ideologisch ähnliche Parteien.

Die Frage, ob Policies eher als Tausch oder als Kompromiss verteilt werden, konnte also relativ eindeutig geklärt werden. Aber warum und anhand welcher Kriterien erfolgt der Tausch? Die Distanz einer Partei zu dem von ihr geschlossenen Koalitionsvertrag sollte anhand mehrerer unabhängiger Variablen erklärt werden.

Zuerst wurde gezeigt, dass es für eine weitgehend quantitative Verteilung von Policies (wie sie bei Portfolios vorkommt) keine Anhaltspunkte gibt. Ebenfalls an der Verteilung von Portfolios orientierte sich die Vermutung, dass Policies analog zu Ministerien verteilt werden, weil die Minister ohnehin als „policy dictators" auftreten. Diese Hypothese konnte für Typ A Fälle (also bei Vorliegen der Tauschlogik) mit rund fünf Prozent erklärter Varianz bestätigt werden. Der Anreiz, Policies und Portfolios analog zu verteilen, scheint also in gewissem Maße vorhanden, die Erklärung, dies sei nur der hohen ministeriellen Autonomie geschuldet, scheint aufgrund der schwachen empirischen Fundierung aber übertrieben. Tatsächlich werden Ministerien sowohl analog zu Policy-Gewinnen, als auch konträr zu diesen vergeben.

Schließlich hat die parteispezifische Salienz Auswirkungen auf die Distanz einer Partei zum Koalitionsvertrag. Mit höherem Anteil eines Politikfeldes am Wahlprogramm verringert sich die Distanz einer Partei zum Koalitionsvertrag. Hier waren allerdings Unterschiede zwischen den Politikfeldern zu beobachten: während der Zusammenhang für die Immigrationspolitik eindeutiger ausfiel, zeigte sich im Bereich Umwelt kein signifikantes Ergebnis.

Das könnte bedeuten, dass die Verteilung von Policies je nach Politikbereich von anderen Faktoren abhängt. Eine mögliche Erklärung ist, dass parteispezifische Salienz umso wichtiger wird, je geringer die parteiübergreifende Salienz ausfällt. Für das Politikfeld Umwelt, dessen Bedeutung für die deutsche Politik bekanntlich gestiegen ist, konnte dann auch gezeigt werden, dass die synchrone Verteilung von Policies und Portfolios im Zeitverlauf einer asynchronen Verteilung weichen musste. Dies könnte in der Tat eine plausible Erklärung sein: Handelt es sich um (objektiv) sehr wichtige Politikfelder, möchte keine Partei ihre Kontrolle in diesem Bereich zugunsten des Koalitionspartners abgeben. Statt synchronem Tausch findet mittels Koalitionsvertrag eine starke Kontrolle durch die andere Partei statt. Wenn Partei A also schon das wichtige Ministerium besetzt, dann nur wenn Partei B genügend ihrer eigenen Präferenzen im Koalitionsvertrag festgehalten und so ihren eigenen Einfluss in diesem Bereich gewahrt hat. Der Koalitionsvertrag als klassisches Kontrollinstrument hätte seine Funktion gegenüber Laver und Shepsles PA-Modell behauptet.

Diese Erklärung erscheint schlüssig, muss aber erst einmal eine Vermutung bleiben. Hinzu kommen weitere offene Fragen: Welche Auswirkungen hat der hier unbeobachtete Status Quo auf die Verhandlungsergebnisse? Wie werden Policies zwischen drei oder mehr Koalitionsparteien aufgeteilt? Welche Rolle spielen Parteiflügel und innerparteiliche Konflikte? Und wie lassen sich die Koalitionsverträge außerhalb des Raums zwischen den Parteipositionen erklären?

Zur Beantwortung all dieser Fragen würde es sich lohnen, einen detaillierteren Blick auf einzelne Fälle zu werfen. Dabei kann die Analyse einzelner Pledges (Ennser-Jedenastik und Schermann 2014) ein sinnvoller Ansatz sein. Auch zur Validierung der Wordscores-Daten (an denen aufgrund der Ergebnisse für Österreich ja noch einmal Zweifel aufkommen), und um besonders markanten Abweichungen (Typ D und C) auf die Spur zu kommen, würde sich ein solches Verfahren anbieten. Auch das Untersuchungsdesign für Wordscores könnte sicherlich noch optimiert werden – indem zum Beispiel das Framing, das hier nach Politikfeld festgelegt wurde, genau allen Geschäftsbereichen eines Ministeriums angepasst wird.

Literaturverzeichnis

Arndt, Frank (2008) *Tausch in Verhandlungen. Ein dynamisches Modell von Tauschprozessen.* Wiesbaden: VS-Verlag.

Austen-Smith, David und Jeffrey S. Banks (1990) Stable Governments and the Allocation of Policy Portfolios. *American Political Science Review* 84: 891–906.

Axelrod, Robert (1970) *Conflict of interest: a theory of divergent goals with applications to politics.* Chicago: Markham.

Bakker, Ryan; Catherine de Vries, Erica Edwards, Liesbet Hooghe, Seth Jolly, Gary Marks, Jonathan Polk, Jan Rovny, Marco Steenbergen und Milada Anna Vachudova (2015a) Measuring Party Positions in Europe: The Chapel Hill Expert Survey Trend File, 1999–2010. *Party Politics* 21(1): 143–152.

Bakker, Ryan; Erica Edwards, Liesbet Hooghe, Seth Jolly, Gary Marks, Jonathan Polk, Jan Rovny, Marco Steenbergen, und Milada Vachudova. (2015b) *2014 Chapel Hill Expert Survey.* Version 2015.1. Available on chesdata.eu. Chapel Hill, NC: University of North Carolina, Chapel Hill.

Benoit, Kenneth und Michael Laver (2002) Estimating Irish Party Policy Positions Using Computer Wordscoring: The 2002 Election. *Irish Political Studies* 18(1): 97–107.

Benoit, Kenneth und Michael Laver (2006) Party Policy in Modern Democracies. NY: Routledge.

Benoit, Kenneth; Thomas Bräuninger und Marc Debus (2009) Challenges for estimating policy preferences: Announcing an open access archive of political documents. *German Politics* 18(3): 440–453.

Bräuninger, Thomas; Marc Debus und Jochen Müller (2013) *Estimating Policy Positions of Political Actors Across Countries and Time.* Arbeitspapiere - Mannheimer Zentrum für Europäische Sozialforschung; 153.

Browne, Eric C. und Mark N. Franklin (1973) Aspects of Coalition Payoffs in European Parliamentary Democracies. *American Political Science Review* 67: 453–69.

Browne, Eric C. und Karen Ann Feste (1975) Qualitative Dimensions of Coalition Payoffs: Evidence From European Party Governments, 1945–1970. *American Behavioral Scientist* 18: 530–556.

Budge, Ian und Dennis J. Farlie (1983) *Explaining and Predicting Elections: Issue effects and party strategies in 23 democracies*. London: Allen and Unwin.

Budge, Ian; Klingemann, Hans-Dieter Volkens, Andrea Bara, Judith with Tanenbaum, Eric Fording, Richard C. Hearl, Derek J. Kim, Hee Min McDonald und Michael Mendez (2001) Silvia Mapping Policy Preferences. Estimates for Parties, Electors, and Governments 1945–1998 Oxford: Oxford University Press

Budge, Ian (2010) Theory and measurement of party policy positions. In: Budge, Ian; Hans-Dieter Klingemann, Andrea Volkens, Judith Bara, Judith und Eric Tanenbaum (Hrsg.) *Mapping policy preferences. Estimates for Parties, Electors, and Governments 1945–1998*, 75–92. Oxford: Oxford University Press.

Debus, Marc (2005) Annähern oder Distanzieren? Strategische Positionierung von FDP, VdU und FPÖ zwischen 1949 und 2002. *Österreichische Zeitschrift für Politikwissenschaft* 34(4): 413–430.

Debus, Marc (2008a) Unfulfilled Promises? German Social Democrats and their Policy Positions at the Federal and State Level between 1994 and 2006. *Journal of Elections, Public Opinion and Parties* 18 (2): 201–224.

Debus, Marc (2008b) Office and Policy Payoffs in Coalition Government. *Party Politics* 14 (5): 515–538.

De Swaan, Abram (1973) *Coalition Theories and Cabinet Formation*. Amsterdam: Elsevier.

Dieringer, Jürgen (2008) Föderalismus in Europa – Europäischer Föderalismus. In: Gabriel, Oscar W. und Sabine Kropp (Hrsg.) Die EU-Staaten im Vergleich. Strukturen, Prozesse, Politikinhalte. 550–578. 3. aktualisierte Auflage. Wiesbaden: VS-Verlag.

Dolezal, Martin; Laurenz Ennser-Jedenastik, Wolfgang C. Müller und Anna Katharina Winkler (2012) The life Cycle of Party Manifestos: The Austrian Case. *West European Politics* 35(4): 869–895.

Downs, Anthony (1957) *An economic theory of democracy*. New York: Harper Collins.

Downs, William M. (1998) *Coalition government, subnational style: multiparty politics in Europe's regional parliaments*. Columbus: Ohio State University Press.

Ehrke, Michael (2015) *Wahlen in Spanien 2015. Das Ende des Zweiparteiensystems*. Friedrich Ebert Stiftung. Online verfügbar: http://library.fes.de/pdf-files/id/11255.pdf (Zugriff: 19.08.2015)

Eichorst, Jason (2014) Explaining variation in coalition agreements: The electoral and policy motivations for drafting agreements. *European Journal of Political Research* 53: 98–115. DOI: 10.1111/1475-6765.1202

Falco-Gimeno, Albert und Joan-Josep Vallbé (2013) Coalition Agreements and Party Preferences: A Principal Components Analysis Approach. Department of Constitutional Law and Political Science University of Barcelona. *SSRN Electronic Journal* 1/2013: 1–30. DOI:10.2139/ssrn.2241115

Gamson, William A. (1961) A Theory of Coalition Formation. *American Sociological Review* 26: 373–382.

Goffman, Erving (2008) *Rahmen-Analyse: ein Versuch über die Organisation von Alltagserfahrungen*, 1. Aufl., [Nachdr.]. Frankfurt am Main: Suhrkamp.

Green-Pedersen, C. (2007) The growing importance of issue competition: The changing nature of party competition in Western Europe. *Political Studies* 55(3): 607–628.

Klingemann, Hans-Dieter; Andrea Volkens, Judith Bara, Ian Budge und Michael McDonald (2006) *Mapping Policy Preferences II. Estimates for Parties, Electors, and Governments in Eastern Europe, the European Union and the OECD, 1990–2003*. Oxford: Oxford University Press.

Klüver, Heike und Jae-Jae Spoon (2013) *Who Responds? Voters, Parties, and Issue Attention*. Paper prepared for presentation at the Elections, Public Opinion and Parties Conference, Lancaster, UK, 13–15 September 2010.

Kropp, Sabine (2008) Koalitionsregierungen. In: Gabriel, Oscar W. und Sabine Kropp (Hrsg.) Die EU-Staaten im Vergleich. Strukturen, Prozesse, Politikinhalte. 514–549. 3. aktualisierte Auflage. Wiesbaden: VS-Verlag.

Krouwel, André und Annemarie van Elfinkhof (2014) Combining strengths of methods of party positioning to counter their weaknesses: the development of a new methodology to calibrate parties on issues and ideological dimensions. *Qual Quant* 48: 1455–1472. DOI 10.1007/s11135-013-9846-0

Laakso, Markku und Rein Taagepera (1979) The „Effective" Number of Parties: A Measure with Application to West Europe. *Comparative Political Studies* 12(1): 3–27.

Laver, Michael und Kenneth A. Shepsle (1990) Coalitions and Cabinet Government. *American Political Science Review* 84(3): 873–891.

Laver, Michael und Kenneth A. Shepsle (1996) *Making and Breaking Governments. Cabinets and Legislatures in Parliamentary Democracies.* Cambridge: Cambridge University Press.

Laver, Michael; Kenneth Benoit und John Garry (2003) Extracting Policy Positions from Political Texts Using Words as Data. *American Political Science Review* 97(2): 311–331.

Laver, Michael (2003) Government termination. *Annual Review of Political Science* 6(1): 23–40.

Linhart, Eric und Susumu Shikano (2007) Die große Koalition in Österreich: Schwierigkeiten bei der Bildung, Stabilität und Alternativenlosigkeit, *Österreichische Zeitschrift für Politikwissenschaft* 36(2): 185–200.

Linhart, Eric (2008): Von Österreich lernen? *Berliner Republik* 10(2): 26–33.

Linhart, Eric und Jana Windwehr (2012): Die Bedeutung bestimmter Ministerien, Geschäftsbereiche und Politikfelder für die Parteien in den deutschen Bundesländern, *Zeitschrift für Parlamentsfragen* 43(3): 579–597.

Lipset, Seymour M. und Stein Rokkan (1967) Cleavage Structures, Party Systems and Voter Alignments: An Introduction. In: Seymour M. Lipset und Stein Rokkan (Hrsg.) *Party Systems and Voter Alignments: Cross-National Perspectives*, 1–64. New York and London: Free Press.

Lowe, Will (2008) Understanding Wordscores. *Political Analysis* 16(4): 356–371. DOI: 10.1093/pan/mpn004

Lowe, Will; Kenneth Benoit, Slava Mikhaylov und Michael Laver (2011) *Scaling Policy Preferences from Coded Political Texts. Legislative Studies Quarterly* 36(1), 123–55.

Lupia, Arthur und Strøm, Kaare (2011) Bargaining, Transaction Costs, and Coalition Governance. In: Strøm, Kaare; Wolfgang C. Müller und Torbjörn Bergmann (Hrsg.) *Cabinets and Coalition Bargaining. The democractic life cycle in Western Europe*, 51–81. Oxford: Oxford Univ. Press.

Martin, Lanny W. und Georg Vanberg (2004) Policing the Bargain: Coalition Government and Parliamentary Scrutiny. *American Journal of Political Science* 48(1): 13–27.

Martin, Lanny W. und Georg Vanberg (2007) A Robust Transformation Procedure for Interpreting Political Text. *Political Analysis* 16 (1): 93–100.

Merkel, Wolfgang (2015) *Nur schöner Schein? Demokratische Innovationen in Theorie und Praxis*. Frankfurt am Main: Otto Brenner Stiftung.

Moury, Catherine (2011) Coalition agreement and party mandate: How coalition agreements constrain the ministers. *Party Politics* 17(3) 385–404. DOI: 10.1177/1354068810372099

Müller, Wolfgang C. und Kaare Strøm (2011) Coalition Agreements and Cabinet Governance. In: Strøm, Kaare; Wolfgang C. Müller und Torbjörn Bergmann (Hrsg.) *Cabinets and Coalition Bargaining. The democratic life cycle in Western Europe*. Oxford: Oxford Univ. Press.

Niedermayer, Oskar (2008) Parteiensysteme. In: Gabriel, Oscar W. und Sabine Kropp (Hrsg.) Die EU-Staaten im Vergleich. Strukturen, Prozesse, Politikinhalte, 351–388. 3. aktualisierte Auflage. Wiesbaden: VS-Verlag.

Onken, Holger (2013) *Parteiensysteme im Wandel. Deutschland, Großbritannien, die Niederlande und Österreich im Vergleich*. Bürgerbewusstsein, Schriften zur Politischen Kultur und Politischen Bildung (7). Wiesbaden: Springer.

Pappi, Franz U.; Ralf Schmitt und Eric Linhart (2008) Die Ministeriumsverteilung in den deutschen Landesregierungen seit dem Zweiten Weltkrieg. ZParl 39(2): 323–342.

Pedersen, Helene H. (2012) What do Parties Want? Policy versus Office. *West European Politics* 35(4): 896–910. DOI: 10.1080/01402382.2012.682350

Petrocik, John R. (1981) *Party Coalitions. Realignments and the Decline of the New Deal Party System*. University of Chicago Press: Chicago.

Quinn, Tomas; Judith Bara und John Bartle (2011) The UK Coalition Agreement of 2010: Who Won? *Journal of Elections, Public Opinion and Parties* 21(2): 295–312. DOI: 10.1080/17457289.2011.562610

Riker, William H. (1962) *The theory of political coalitions*. New Haven, CT: Yale University Press.

Robertson, David (1976) *A Theory of Party Competition*. Arrowsmith: Bristol.

Ruedin, Didier (2013) Obtaining Party Positions on Immigration in Switzerland: Comparing Different Methods. *Swiss Political Science Review* 19(1): 84–105. DOI:10.1111/spsr.12018

Saalfeld, Thomas (2010) Veto players, agenda control and cabinet stability in 17 european parliaments, 1945–1999. In: König, Thomas; Georg Tsebelis und Marc Debus (Hrsg.) *Reform Processes and Policy Change. Veto Players and Decision-Making in Modern Democracies*, 125–143 New York: Springer.

Ennser-Jedenastik, Laurenz (2008) Pledges, Posts, and Patronage: Office and Policy Payoffs in Austrian Coalition Governments. Dissertation Universität Wien.

Schermann, Katrin und Laurenz Ennser-Jedenastik (2014) Explaining coalition-bargaining outcomes: Evidence from Austria, 2002–2008. *Party Politics*, 20(5), 791–801. DOI: 10.1177/1354068812453373

Schmitt, Ralf (2008) *Die politikfeldspezifische Auswertung von Wahlprogrammen am Beispiel der deutschen Bundesländer*. Arbeitspapiere – Mannheimer Zentrum für Europäische Sozialforschung 114.

Schofield, Norman (1996) The Heart of a Polity. In: Norman Schofield (Hrsg.) *Collective Decision-Making: Social Choice and Political Economy*, 183–220. Boston, MA: Kluwer.

Sened, Itai (1996) A Model of Coalition Formation: Theory and Evidence. *The Journal of Politics* 58(2): 350–372. DOI: 10.2307/2960230

Slapin, Jonathan B. und Sven Oliver Proksch (2008) A Scaling Model for Estimating Time-Series Party Positions from Texts. *American Journal of Political Science* 52(3): 705–22.

Timmermanns, Arco und Catherine Moury (2006) Coalition Governance in Belgium and the Netherlands: Rising Government Stability Against All Electoral Odds. *Acta Politica* 41: 389–407. DOI:10.1057/palgrave.ap.5500139

Tsebelis, Georg (2002) *Veto players: how political institutions work*. New York: Russell Sage Foundation.

Verzichelli, Luca (2011) Portfolio Allokation. In: Strøm, Kaare; Wolfgang C. Müller und Torbjörn Bergman (Hrsg.) *Cabinets and Coalition Bargaining: the democratic life cycle in Western Europe*. Oxford: Oxford University Press.

Von Beyme, Klaus (1983) *Parteien in westlichen Demokratien*. 2., überarbeitete Auflage, München: Piper.

Wagner, Markus und Thomas M. Meyer (2014) Which Issues do Parties Emphasise? Salience Strategies and Party Organisation in Multiparty Systems. *West European Politics* 37(5): 1019–1045. DOI: 10.1080/01402382.2014.911483

Warwick, Paul V. und James N. Druckman (2001) Portfolio Salience and the Proportionality of Payoffs in Coalition Governments *B.J.Pol.S.* 31: 627–649.

Warwick, Paul V. (2000) Policy Horizons in West European Parliamentary Systems. *European Journal of Political Research* 38(1): 37–61. DOI: 10.1111/1475-6765.00527

ZDF (07.04.2015) Online verfügbar: http://www.heute.de/spd-und-gruene-in-hamburg-einig-ueber-koalition-rot-gruener-koalitionsvertrag-steht-sieben-wochen-nach-buergerschaftswahl-37918254.html (Zugriff: 04.05.2015).

Anhang

Tabelle 1: Distanzen von Wahlprogramm und Koalitionsvertrag, Kalkulation basierend auf Debus (2008a)

Wahl	SPD		CDU/CSU		FDP		Grüne		Linke		Typ
	economic	social	economic	social	economic	social	economic	social	economic	social	
BT 1994	4,5	-3,4	2	-6,3	-1,9	3					B/A
MV 1994	5,3	-1,8	2,2	-9,1							A/B
HE 1995	9,5	-3,1	0,1				7,1	3,4			D/A
HB 1995	7,1	-6,3		11,1							A/A
NW 1995	8,7	-0,7					7,6	3,8			D/B
BE 1995	10,2	1	4	-7,7	-0,5	-0,8					A/A
BW 1996	7,6	-1,7	7,5	-10	-1,1	-0,3					A/A
RP 1996	12,3	-5,5					2,7	6			A/A
SH 1996	1,5	-3,9					9,9	2,3			A/A
HH 1997	4,4	-4,9					2,7	7			D/A
BT 1998			0,8	-1,4	0,6	4,6					D/B
MV 1998	6,4	-0,5	1,8	-8,5					11,8	5,4	A/B
HE 1999	8,3	0	-0,3	-7,4							D/A
HB 1999	5,1	-1	4	-8,9							A/A
BB 1999											A/A
BE 1999											B/A

107

Wahl	SPD		CDU/CSU		FDP		Grüne		Linke		Typ
	economic	social	economic	social	economic	social	economic	social	economic	social	
SH 2000	0,4	-8,8					0,4	4,3			D/A
NW 2000	1,7	0,2					1,6	3,1			D/A
BW 2001			10,2	0,6	3,9	2,1					A/A
RP 2001	6,7	1,5			-6,1	1,3					B/D
HH 2001			6,1	-5,4	-0,4	8,2					A/B
BE 2001	4,8	-8,4							2,7	-0,3	D/A
ST 2002			1,7	-0,6	-3,1	0,4					B/B
BT 2002	2,4	0,2					0,7	5,1			A/A
MV 2002	2,1	-2,2							10,7	1,3	A/B
NI 2003	7	-5,1	3,4	-4,3	-3,5	5,8					B/B
HB 2003	7	-5,1	3,2	-14,3							A/A
BB 2004	5,5	-9,3	2,7	-13,3							A/C
SN 2004	5	-1,2	1,7	-5,3							A/A
SH 2005	5,6	-2,1	-4,6	-3,3							B/C
NW 2005			1,9	-1,5	-4,6	7,4					A/A
BT 2005	7	0,8	0,7	-7,8							A/A
BW 2006			3,9	-5,7	-4,8	3,1					B/B
ST 2006	5,1	-4,3	-2,4	-7,2							A/C

Tabelle II: Ausgeschlossene Wahlen Österreich

Wahl	Grund für Ausschluss
Burgenland 2005	Programm ÖVP nicht verfügbar
Kärnten 2004	Programm SPÖ und Koalitionsvertrag nicht verfügbar
Kärnten 2009	Programm ÖVP nicht verfügbar
Kärnten 2013	Programm SPÖ und Grüne nicht verfügbar
Niederösterreich 2003	Alleinregierung ÖVP
Niederösterreich 2008	Alleinregierung ÖVP
Niederösterreich 2013	Koalitionsvertrag nicht öffentlich
Salzburg 2004	Programm SPÖ nicht verfügbar
Steiermark 2010	Keine Wahlprogramme beschlossen (SPÖ, Grüne)
Tirol 2003	Programm ÖVP nicht verfügbar
Tirol 2008	Koalitionsvertrag nicht verfügbar
Vorarlberg 2009	Alleinregierung ÖVP
Wien 2003	Alleinregierung SPÖ

Tabelle III: Ausgeschlossene Wahlen Deutschland

Wahl	Grund für Ausschluss
HE 2003	Alleinregierung CDU
HH 2004	Alleinregierung SPD
SL 2004	Alleinregierung CDU
TH 2004	Alleinregierung CDU
SN 2004	SPD/CDU-Programm ohne Immigration
BE 2006	Programm der Linkspartei ohne Umwelt
MV 2006	CDU-Programm ohne Immigration
RP 2006	Alleinregierung SPD
BE 2006	Programm der Linkspartei ohne Umwelt
SN 2009	Koalitionsvertrag ohne Immigration
TH 2009	CDU-Programm ohne Immigration
HH 2011	Alleinregierung SPD
MV 2011	CDU-Programm ohne Immigration
BY 2013	Alleinregierung CSU

BEITRÄGE ZUR POLITIKWISSENSCHAFT

Band 1 Maria M. Müller-Sorge: Journalismus - Offenheit und Konformität. Die Politische Tagespresse in der Bundesrepublik. 1975.

Band 2 Hans Heinrich Rass: Britische Außenpolitik 1929-1931: Ebenen und Faktoren der Entscheidung. 1975.

Band 3 Maria Huber: Strategien der Entwicklungspolitik. Ein Beitrag zur Kritik der Entwicklungsökonomik. 1975.

Band 4 Jürgen Hentze: Nationalismus und Internationalismus bei Rosa Luxemburg. 1975.

Band 5 Detlef Klotz: Länderparlamentarismus: Bürgernähe als Chance? Zur hochschulpolitischen Entscheidungsfindung im Landtag von Baden-Württemberg 1956-1968 am Beispiel des Hochschulgesetzes von 1968. 1975.

Band 6 Dieter-Dirk Hartmann: Volksinitiativen. 1976.

Band 7 Ulrich Heyder: Der sozialwissenschaftliche Systemversuch Eduard Heimanns. Darstellung und Kritik der Möglichkeit einer einheitlichen Theorie der modernen Wirtschafts- und Sozialsysteme. 1977.

Band 8 Jost F. Noller: Theorie und Praxis der Apartheid. Eine Analyse der Grundlagen und Bedingungen der Politik der 'Getrennten Entwicklung' in Südafrika. 1977.

Band 9 Annemarie Bopp-Schmehl: Konflikt und Demokratie. Eine Auseinandersetzung mit Kompromiß- und Gleichgewichtsvorstellungen moderner Politiktheorien. 1977.

Band 10 Günter Pumm: Kandidatenauswahl und innerparteiliche Demokratie in der Hamburger SPD. Eine empirische Untersuchung der Kandidatennominierungen für die Bundestagswahl 1969, die Bürgerschaftswahl 1970, den Senat und die Deputationen. 1977.

Band 11 Werner Hugger: Gesamtsystemplanung und Reform des Gesundheitswesens der Bundesrepublik Deutschland. 1977.

Band 12 Peter Wordelmann: Simulation von Systemveränderungen. Möglichkeiten und Grenzen einer Planungsmethode, dargestellt am Beispiel des Ausbildungssektors. 1978.

Band 13 Werner Lang: Kooperative Gewerkschaften und Einkommenspolitik. Das Beispiel Österreichs. 1978.

Band 14 Michael J. Seifert: Sozialer Konflikt. Eine Analyse der Entstehungsbedingungen politischer Bewegungen. 1978.

Band 15 Erhard Zahn: Objektivierung und Vergegenwärtigung als Probleme der politischen Bildung. Untersuchungen zur Komplementarität zweier Wissenschaftsbegriffe. 1979.

Band 16 Barbara Pommerehne-Häß: Die Reformprogramme für die Heimerziehung. Chancen für eine Demokratisierung der öffentlichen Erziehung? 1979.

Band 17 Ingeborg E. Schäfer: Umlandverband Frankfurt/M. Entscheidungsprozesse bei der Entstehung einer Stadt-Umland-Verwaltung. 1979.

Band 18 Robert Lederer: Neokonservative Theorie und Gesellschaftsanalyse. 1979.

Band 19 Dieter Mohrhart: Elternmitwirkung in der Bundesrepublik Deutschland. Ein Beitrag zur politisch-historischen und pädagogischen Diskussion. 1979.

Band 20 Petra S. Hartmann-Laugs: Die politische Integration der Mexiko-Amerikaner. Eine Analyse des mexikoamerikanischen Wahlverhaltens in den Jahren 1960-1974 unter Berücksichtigung sozioökonomischer Variablen. 1980.

Band 21 Wulf W. Hartmann: Die Vietnam-Generation und das amerikanische Parteiensystem. Das Wahlverhalten der akademischen Jugend Kaliforniens und der USA in den Wahlen 1972 und 1974: Eine Analyse mit intra- und intergenerationellem Vergleich unter besonderer Berücksichtigung der ideologischen Entwicklung und der Implikationen für Parteien und Parteisysteme. 1980.

Band 22 Christoph Huhle: Vom Nahziel Kommunismus zu den Grenzen des Wachstums? Sowjetische Kommunismus-Konzeptionen seit 1961. 1980.

Band 23 Marle-Maria Kallen: Die Messung von Fortbildungswirkungen in der öffentlichen Verwaltung. Analyse und Fallstudie zu den Bedingungen und Grenzen der Fortbildungsevaluierung in der öffentlichen Verwaltung. 1980.

Band 24 Gerhard Ziegler: Das Verbraucherinteresse und seine Durchsetzbarkeit. Eine kritische Untersuchung über die restriktiven Bedingungen von Verbraucherarbeit in der Bundesrepublik Deutschland. 1980.

Band 25 Hans-Peter Jäger: Eduard Bernsteins Panorama. Versuch, den Revisionismus zu deuten. 1981.

Band 26 Eva Kronenwett: Beschäftigungsorientierte Regionalpolitik. Möglichkeiten und Probleme einer beschäftigungsorientierten Umgestaltung der Regionalpolitik. 1983.

Band 27 Liesel Hollmann: Wissenschaftliche Beratung der Politik, dargestellt am Beispiel von IPEKS. Integriertes Planungs-, Entscheidungs- und Kontrollsystem für eine Landesregierung. 1983.

Band 28 Dörte Rasch: Kooperation im Unitarismus. Dargestellt am Beispiel französischer Raumordnungspolitik (1967 - 1981). 1983.

Band 29 Gisela Färber: Das rationale Budget. Voraussetzungen und Konsequenzen für ein funktionsfähiges Haushaltswesen der öffentlichen Hand. 1984.

Band 30 Wolfgang Weinz: Gewerkschaften und Arbeitsbeziehungen in der Republik Irland. 1984.

Band 31 Gregor Halmes: Regionenpolitik und Regionalismus in Frankreich 1964 - 1983 (unter besonderer Berücksichtigung der Dezentralisierungspolitik der Linksregierung seit 1981). 1984.

Band 32 Klaus Günther: Politisch-soziale Analyse im Schatten von Weimar. 1985.

Band 33 Dieter Rehfeld: Bestimmungsfaktoren der Energiepolitik in der Bundesrepublik Deutschland. Zugleich ein Beitrag zur aktuellen Diskussion staatlicher Willensbildungs-, Entscheidungs- und Funktionsmuster. 1986.

Band 34 Jens Borchert: Legitimation und partikulare Interessen. Zur gesellschaftlichen Funktion und institutionellen Struktur des Kongresses im amerikanischen Interventionsstaat. 1987.

Band 35 Benedikt Widmaier: Die Bundeszentrale für politische Bildung. Ein Beitrag zur Geschichte staatlicher politischer Bildung in der Bundesrepublik Deutschland. 1987.

Band 36 Thomas Saalfeld: Das britische Unterhaus 1965 bis 1986. Ein Parlament im Wandel. 1987.

Band 37 Werner Reh: Politikverflechtung im Fernstraßenbau der Bundesrepublik Deutschland und im Nationalstraßenbau der Schweiz. Eine vergleichende Untersuchung der Effizienz und Legitimation gesamtstaatlicher Planung. 1988.

Band 38 Wolfgang Schmidt-Streckenbach: Die Stellung der Länder in der Entwicklungspolitik der Bundesrepublik Deutschland. 1988.

Band 39 Manfred Bartosch: Die Rolle der finanziellen Forschungsförderung bei der Entstehung von neuen, technologisch und wirtschaftlich bedeutsamen Innovationen. Theoretische Überlegungen und Fallstudien aus den high-tech-industries in den USA. 1989.

Band 40 Horst Siegemund: Parteipolitik und "Sprachenstreit" in Belgien. Die Auswirkungen der Gegensätze zwischen der niederländischen und der französischen Sprachgemeinschaft in Belgien auf die traditionellen Regierungsparteien des Landes. Eine Untersuchung zur

Entwicklung einer gesellschaftlichen Konfliktlinie in der belgischen "consociational democracy" und zum Versuch ihrer politischen Institutionalisierung. 1989.

Band 41   Andreas Busch: Neokonservative Wirtschaftspolitik in Großbritannien. Vorgeschichte, Problemdiagnose, Ziele und Ergebnisse des 'Thatcherismus'. Mit einem Vorwort von Klaus von Beyme. 1989.

Band 42   Andreas Mehler: Die nachkolonialen Staaten Schwarzafrikas zwischen Legitimität und Repression. 1990.

Band 43   Maximilian von Beyme: Kulturpolitik unter den Sozialisten in Frankreich von 1981 bis 1986. 1990.

Band 44   Beatrix Bursig: Die Regionalpolitik der Europäischen Gemeinschaft, unter besonderer Berücksichtigung integrationstheoretischer Überlegungen. 1991.

Band 45   Susanne Knorre: Soziale Selbstbestimmung und individuelle Verantwortung. Hugo Sinzheimer (1875-1945). Ein politische Biographie. 1991.

Band 46   Thomas Rautenberg: Möglichkeiten einer arbeitnehmerorientierten Konzeption zur "Technologiefolgenabschätzung" (Technology Assessment). 1991.

Band 47   Carl Böhret: Nachweltschutz. Sechs Reden über politische Verantwortung. 1991.

Band 48   Peter Müller: Die politische Macht der Mafia. Bedingungen, Formen und Grenzen. 1991.

Band 49   Carl Böhret/Michael Hofmann: Umweltverträglichkeit. Test von Umweltrecht im Planspiel. 1992.

Band 50   Moritz Müller-Wirth: Die Debatte um die Parlamentsreform in Italien von 1971-1988. Mit einem Vorwort von Kurt Sontheimer. 1992.

Band 51   Andreas Wellenstein: Privatisierungspolitik in der Bundesrepublik Deutschland. Hintergründe, Genese und Ergebnisse am Beispiel des Bundes und vier ausgewählter Bundesländer. 1992.

Band 52   Willi Herbert: Wandel und Konstanz von Wertstrukturen. 1993.

Band 53   Carl Böhret: Funktionaler Staat. Ein Konzept für die Jahrhundertwende? 1993.

Band 54   Andreas Klocke: Sozialer Wandel, Sozialstruktur und Lebensstile in der Bundesrepublik Deutschland. 1993.

Band 55   Kyu-Young Lee: Zivilgesellschaft als Ansatzpunkt für den Umbruch der sozialistischen Systeme in Osteuropa? Das Beispiel Polen. 1994.

Band 56   Gerald Paschen: Regierungsmehrheit und Opposition in der demokratischen Konsolidierung Spaniens. 1994.

Band 57   Helge-Lothar Batt: Kooperative regionale Industriepolitik. Prozessuales und institutionelles Regieren am Beispiel von fünf regionalen Entwicklungsgesellschaften in der Bundesrepublik Deutschland. Mit einem Vorwort von Klaus von Beyme. 1994.

Band 58   Hermann Hill / Helmut Klages (eds.): Trends in Public Sector Renewal. Recent Developments and Concepts of Awarding Excellence. 1994.

Band 59   Matthias Beyerle: Staatstheorie und Autopoiesis. Über die Auflösung der modernen Staatsidee im nachmodernen Denken durch die Theorie autopoietischer Systeme und der Entwurf eines nachmodernen Staatskonzepts. 1994.

Band 60   Michael Hofmann: Der Faktor "Zeit" als zentrales Element des politisch-administrativen Managements. 1995.

Band 61   Patrick Horst: Haushaltspolitik und Regierungspraxis in den USA und der Bundesrepublik Deutschland. Ein Vergleich des haushaltspolitischen Entscheidungsprozesses beider Bundesrepubliken zu Zeiten der konservativen Regierungen Reagan/Bush (1981-92) und Kohl (1982-93). 1995.

Band 62 Harald Schlüter: Vom Ende der Arbeiterjugendbewegung. Gewerkschaftliche Jugendarbeit im Hamburger Raum 1950-1965. 1996.

Band 63 Annette Elisabeth Töller: Europapolitik im Bundestag. Eine empirische Untersuchung zur europapolitischen Willensbildung im EG-Ausschuß des 12. Deutschen Bundestages. 1995.

Band 64 Hermann Hill / Helmut Klages / Elke Löffler (Eds.): Quality, Innovation and Measurement in the Public Sector. 1996.

Band 65 Michael Hofmann / Werner Jann / Peter Wordelmann (Hrsg.): Spuren in die Zukunft. Zukunftsorientierte Problemlösungen auf dem Prüfstand. Beiträge zum 60. Geburtstag von Carl Böhret. 1996.

Band 66 Götz Konzendorf: Folgen der "Heranalternden Gesellschaft" und Ansatzpunkte aktiver Politik – mit einer Fallstudie zur Mittelstadt Speyer. 1996.

Band 67 Bettina von Harder: Die Interdependenzen zwischen Währungsunion und Politischer Union in der Europäischen Union des Maastrichter Vertrages. Ökonomische Funktionsbedingungen – nationale Souveränität – Integrationsautomatismus. 1997.

Band 68 Antje Blöcker / Ulrich Heyder / Birgit Mangels-Voegt (Hrsg.): Die Reformfähigkeit von Staat und Gesellschaft. Festschrift für Klaus Lompe zum 60. Geburtstag. 1997.

Band 69 Yvette Gerner: Die Europäische Union und Rußland. Unterstützung der EU für die Transformationsprozesse in Rußland am Beispiel des technischen Hilfsprogramms Tacis. 1997.

Band 70 Michael Haus: Demokratischer Kommunitarismus: Michael Walzers politische Philosophie. 1998.

Band 71 Uta Devries: Amnesty International gegen Folter. Eine kritische Bilanz. 1998.

Band 72 Katja Thimm: Die politische Kommunikation Jean-Marie Le Pens. Bedingungen einer rechtspopulistischen Öffentlichkeit. 1999.

Band 73 Ja-Sook Park: Transformation in einem geteilten Land. Vom marxistisch-leninistischen System der DDR zum freiheitlich-demokratischen System der BRD. 9. November 1989 bis 3. Oktober 1990. 1999.

Band 74 Dirk Frenzel: Kulturelle Eye-dentity. Die Kulturpolitik der EU am Beispiel der Filmförderung. 1999.

Band 75 Stefanie Virginia Gerlach: Staat und Kirche in der DDR. War die DDR ein totalitäres System? 1999.

Band 76 Micha Hörnle: What's Left? Die SPD und die British Labour Party in der Opposition. 2000.

Band 77 Jörg Knieling: Leitbildprozesse und Regionalmanagement. Ein Beitrag zur Weiterentwicklung des Instrumentariums der Raumordnungspolitik. 2000.

Band 78 Maria Behrens: Staaten im Innovationskonflikt. Vergleichende Analyse staatlicher Handlungsspielräume im gentechnischen Innovationsprozeß Deutschlands und den Niederlanden. 2001.

Band 79 Esther Bettina Neunreither: Die Interessenvertretung der Regionen bei der Europäischen Union. Deutsche Länder, spanische Autonome Gemeinschaften und französische Re- gionen. 2001.

Band 80 Barbara Renne: Die Europäische Wirtschafts- und Währungsunion zwischen Anspruch und Wirklichkeit. Ist die EWWU des Maastrichter Vertrages ziel- und funktionsadäquat verfaßt? 2001.

Band 81 Joachim Piehl: Machtwechsel 1982. Handlungsbedingungen und Regierungstätigkeit in zentralen Politikfeldern in der Ära der sozial-liberalen Koalition. 2002.

Band 82 Robert Weimar/Guido Leidig: Evolution, Kultur und Rechtssystem. Beiträge zur New Political Ecology. 2002.

Band 83 Natascha Füchtner: Die Modernisierung der Zentralverwaltung in Großbritannien und Deutschland. Strategien konservativer und sozialdemokratischer Regierungen. 2002.

Band 84 Birgit Mangels-Voegt: Kooperative Steuerung in einer diskursiven Umweltpolitik. 2002.

Band 85 Manfred Bitter: Strukturveränderungen auf der mittleren staatlichen Verwaltungsebene der Länder. Der rheinland-pfälzische Weg der Verwaltungsmodernisierung. 2004.

Band 86 Tobias Bräunlein: Integration der Gesetzesfolgenabschätzung ins Politisch-Administrative System der Bundesrepublik Deutschland. 2004.

Band 87 Timo Freudenberger: Indiens Föderalismus und Ökonomie im Umbruch. 2005.

Band 88 Bernd Sondermann: Parteienfamilie ohne Zusammenhalt? Programmatische Gegenreden von CDU, CDA und Tories auf die neue Sozialdemokratie. 2006.

Band 89 Charles Philippe Graf Dijon de Monteton: Die „Entzauberung" des Gesellschaftsvertrags. Ein Vergleich der Anti-Sozial-Kontrakts-Theorien von Carl Ludwig von Haller und Joseph Graf de Maistre im Kontext der politischen Ideengeschichte. 2007.

Band 90 Matthias Bohnet / Henning Hopf / Klaus Lompe / Herbert Oberbeck (Hrsg.): Wohin steuert die Bundesrepublik? Einige Entwicklungslinien in Wirtschaft und Gesellschaft. 2007.

Band 91 Annika Kropf: Oppositionsbewegungen im Libanon. Zwischen Systemerhalt und Systemveränderung. 2007.

Band 92 Thorsten Winkelmann: Cross-border-Leasing. Ein kommunales Finanzierungsinstrument. 2008.

Band 93 Raul Jordan: Konfrontation mit der Vergangenheit. Das Medienereignis *Holocaust* und die Politische Kultur der Bundesrepublik Deutschland. Eine qualitative Inhaltsanalyse der Zuschauerpost an den WDR. 2008.

Band 94 Martina Schlögel: Das Bundesverfassungsgericht im Politikfeld Innere Sicherheit. Eine Analyse der Rechtsprechung von 1983 bis 2008. 2010.

Band 95 Sebastian Hothan: Interessengruppen und ihr Einfluss auf die Wohlfahrt der Bundesrepublik Deutschland. Eine empirische Untersuchung entlang des Argumentationsstrangs von Mancur Olson. 2011.

Band 96 Kristina Chmelar: Nichts als die Wahrheit. Eine diskursanalytische Studie zur Geschichtspolitik der tschechischen Bürgerlich-Demokratischen Partei (ODS). 2012.

Band 97 Madeline Kaupert: Policy Payoffs in Koalitionsverhandlungen. Eine Analyse ideologischer Distanzen zwischen Wahlprogrammen und Koalitionsverträgen. 2016.

www.peterlang.de

www.ingramcontent.com/pod-product-compliance
Ingram Content Group UK Ltd.
Pitfield, Milton Keynes, MK11 3LW, UK
UKHW060204160426
5217IPUK00007BA/135